U0689797

故宫博物院 編

故宮博物院藏殷墟甲骨文

謝伯殳卷〔壹〕

中華書局

圖書在版編目（CIP）數據

故宫博物院藏殷墟甲骨文. 謝伯殳卷 / 故宫博物院編.
—北京：中華書局，2022.12
ISBN 978-7-101-14768-1

Ⅰ.故… Ⅱ.故… Ⅲ.甲骨文—研究 Ⅳ.①K877.14

中國版本圖書館CIP數據核字（2020）第175602號

責任編輯：聶麗娟
封面題簽：劉 濤
責任印製：管 斌

故宫博物院藏殷墟甲骨文·謝伯殳卷
（全三册）
故宫博物院 編
*
中 華 書 局 出 版 發 行
（北京市豐臺區太平橋西里38號 100073）
http://www.zhbc.com.cn
E-mail: zhbc@zhbc.com.cn
北京雅昌藝術印刷有限公司印刷
*
787×1092毫米 1/8 · 104印張 · 800千字
2022年12月第1版 2022年12月第1次印刷
印數：1 - 600册 定價：1200.00元

ISBN 978-7-101-14768-1

謹以此書紀念紫禁城建成六百年
暨故宫博物院成立九十五周年

本書爲國家古籍規劃項目
本書爲國家社會科學基金重大項目「故宫博物院藏殷墟甲骨文整理與研究」（批准號：一四ZDB〇五九）階段性成果
本書出版得到北京故宫文物保護基金會資助
本書編著得到「古文字與中華文明傳承發展工程」經費支持
本書爲二〇一九年度國家古籍整理出版專項經費資助項目

「故宮博物院藏殷墟甲骨文整理與研究」項目謝伯殳卷整理組

管理組

領導小組

顧　問　鄭欣淼　單霽翔

組　長　王旭東

成　員　都海江　李小城　婁　瑋　任萬平　朱鴻文　閆宏斌　趙國英　王躍工

協調小組

組　長　婁　瑋（兼）

成　員　王兆仁　王晶晶　陳俊旗　李　濱　田　新　李永興

規劃小組

組　長　趙國英（兼）

成　員　高　潔　王燕晉　佟建明　宋玲平　曾　君　呂成龍　蘇　怡　王子林

辦公室

主　任　王　素

副主任　任　昉

成　員　楊　楊　韓宇嬌　李延彥　楊　安

工作組

編目組

組　長　方　斌

副組長　盧　巖

成　員　見　驊

攝影組

組　長　李　凡

副組長　余寧川

成　員　張雲天

拓片組

組　長　郭玉海

副組長　何巧娟（外聘）

成　員　焦東華　陳鵬宇

摹文組

組　長　焦東華

成　員　李延彥　見　驊

釋文組

組　長　韋心瀅

副組長　盧　巖

成　員　楊　楊　韓宇嬌

編輯組

編委會

顧　問　劉一曼　朱鳳瀚　宋鎮豪　黄天樹

主　編　單霽翔

執行主編　王　素

副主編（按姓氏筆畫順序）　方　斌　李　凡　韋心瀅　郭玉海　焦東華　盧　巖

總審校　沈建華　孫亞冰

本卷編著　韋心瀅　楊　楊　韓宇嬌　李延彥

助　編　見　驊　楊　安　焦東華　陳鵬宇

總敘

《故宮博物院藏殷墟甲骨文》整理組

故宮和故宮博物院與殷墟甲骨結緣，有著十分悠久的歷史。

故宮在清遜帝愛新覺羅・溥儀「小朝廷」時期，已知有殷墟與甲骨文。一九二三年鈔本《清宮陳設檔》養性殿東暖閣條記：「紫檀盒一件，內盛漢玉環一件、册頁一册，有刻銘，如殷墟龜板。」（甲字第五八六號）民國十八年（一九二九）六月一日再版之《故宮物品點查報告》第三編第四册卷三體順堂及各廂房等處附補號條記「羅振玉進呈本」甚多，中有《殷虛書契》一函（二〇九七號）、《殷虛書契考釋》二函（二〇一一、二五四〇號）等〔一〕。

故宮博物院成立後，最早見到甲骨實物，係保管美籍加拿大人約翰・福開森（John Calvin Ferguson）捐贈給金陵大學的甲骨。金大前身係福開森於一八八八年創辦的匯文書院。福氏移居北平後，受聘爲北平古物陳列所文物鑒定委員會委員，仍與金大保持密切聯繫並擔任校董。一九三四年，福氏將近千件個人藏品捐贈給金大，由於金大不具保管條件，福氏與古物陳列所協商，由古物陳列所代爲保管。這批藏品中即有福氏收購的劉鶚（鐵雲）、徐枋（梧生）舊藏甲骨。一九四八年，古物陳列所併入北平故宮博物院。一九四九年，這批藏品從故宮博物院運回金大，現歸南京大學考古與藝術博物館收藏。這批藏品在由北平古物陳列所代爲保管期間，曾在文華殿展出。

故宮博物院真正擁有甲骨實物，是在一九四九年後。來源細分有四：一是公家調撥，二是私人捐贈，三是「運動」没收，四是院方收購。但除院方收購外，前三者實際難以截然劃分。譬如故宮博物院最早擁有甲骨實物，是在「三反五反」運動如火如荼的一九五二年。是年，馬衡由故宮博物院院長調任北京文物整理委員會主任委員，將自己收藏的甲骨等文物，捐贈給了文化部，文化部隨即轉交國家文物局。同年，有關部門没收古玩商倪玉書、陳鑒塘等舊藏甲骨，分別轉交國家文物局與北京市文物局。而國家文物局與北京市文物局則旋將這批甲骨調撥故宮博物院收藏。公家調撥含有私人捐贈和「運動」没收，説明三者存在密切關係。故在故宮博物院藏甲骨中，公家調撥最爲大宗。

公家調撥的最大一宗，即加拿大傳教士、著名漢學家明義士（James Mellon Menzies）原存北平東四頭條華語學校的甲骨，總數有兩萬片左右。一九四九年新政府成立後，文化部暫駐華語學校辦公，發現這批甲骨，轉交國家文物局。一九五二年，國家文物局將其中二匣八七〇片調撥故宮博物院收藏，另十箱一八九九四片寄存故宮博物院庫房（國家文物局没有文物庫房，曾長期借用故宮博物院庫房）。這八七〇片甲骨調撥故宮博物院後，經過初步整理，被冠以「新」字號收藏（一九四九年前的文物冠「故」字號），屬於在賬文物。另一八九九四片甲骨，到一九七四年十二月一日，才調撥故宮

〔一〕清室善後委員會《故宮物品點查報告》第七輯，北京：綫裝書局，二〇〇四年十月，第二、三、二三頁。

博物院，但一直未經整理，被冠以「資」字號保管，屬於不在賬文物。

院方收購始於一九五五年。一九五七年至一九六三年收購批次最多，但除謝伯殳舊藏外，多爲不明藏家。直到一九七五年五月，仍收購了沈德建舊藏二片甲骨。院方收購批次雖然不少，但數量不多，僅一五三一片，在故宮博物院藏甲骨中所占比例約爲十四分之一。

故宮博物院究竟藏有多少片甲骨？因統計對象不同，數字存在差異。以明義士舊藏爲例。過去最權威的統計，來自著名甲骨學家胡厚宣。他爲編《甲骨文合集》，於一九六五年和一九七四年兩次到故宮博物院選拓甲骨，統計故宮博物院明義士先後兩批舊藏，爲八七〇片加一九四九四片，共二〇三六四片〔一〕。而根據故宮博物院明義士舊藏甲骨清理入庫單統計，明義士先後兩批舊藏，爲八七〇片加一八九九四片，共一九八六四片。數字不同，是因爲前者包括五百片碎片，後者不包括五百片碎片。此外，胡厚宣統計故宮博物院藏甲骨，包括五百片碎片，總數爲二二四六三片〔二〕。而近年根據第一次全國可移動文物普查（二〇一四年至二〇一六年）實物統計，故宮博物院藏甲骨，不包括五百片碎片，總數爲二二三九五片。二者實際相差五六八片。這裏需要强調的是，故宮博物院藏甲骨，不管怎樣統計，總數僅次於國家圖書館、臺北中研院，位居世界第三，是没有疑問的。

故宮博物院藏甲骨，絕大部分没有整理公佈，屬於甲骨文獻最後的寶藏，一直深受學界尤其是甲骨學界和古文字學界的關注。二〇一三年十月二十三日，故宮博物院成立故宮研究院，故宮研究院成立古文獻研究所，這批甲骨的整理出版，正式提上工作日程。二〇一四年十一月五日，故宮博物院以單霽翔院長爲首席專家投標的國家社科基金重大招標項目「故宮博物院藏殷墟甲骨文整理與研究」成功立項，爲這批甲骨的整理出版，提供了新的平臺和動力。而在此前後，二〇一四年二月二十日和二〇一五年四月一日，由古文獻研究所牽頭，故宮博物院爲本項目召開了兩次會議：一次爲投標前的論證會，一次爲立項後的開題會。在故宮博物院院長單霽翔、故宮研究院院長鄭欣淼的主持下，李學勤、劉一曼、許進雄、朱鳳瀚、宋鎮豪、黄天樹、劉釗、沈建華、沈培、唐際根等甲骨、考古、古文字名家應邀參會，爲這批甲骨的整理出版，提供了很多富有建設性的建議和意見。

但故宮博物院作爲中國第一大博物館，又是第一次整理出版如此大批甲骨，仍感責任重大，不敢掉以輕心。由於工作涉及院内多個部門，故宮博物院成立了管理組和工作組：管理組下設領導、協調、規劃三個小組和一個辦公室；工作組下設編目、攝影、拓片、摹文、釋文五個子課題組。管理組負責工作的統籌推進，辦公室承擔具體統籌推進事務。工作組分工主持各子課題業務，釋文組總其成，負責圖書的編著。爲了能够保證整理出版質量，還特别製訂了一項「三符合」原則，即：（一）符合文物保管特色；（二）符合文獻整理規範；（三）符合學術發展潮流。在此基礎上，先繼承，後創新，産生一些設想。這些設想主要落實到四點：

（一）尊重藏家原狀

故宮博物院展覽最重原狀。出土文獻整理也要求尊重原狀。故宮博物院的甲骨，按藏家整理，考慮的就是尊重原狀。其中，明義士的第二批舊藏，

〔一〕胡厚宣《關於劉體智、羅振玉、明義士三家舊藏甲骨現狀的説明》，《殷都學刊》一九八五年第一期，第五頁。

〔二〕胡厚宣《八十五年來甲骨文材料之再統計》，《史學月刊》一九八四年第五期，第一七頁。

原經本人分類或分期整理，按十天干，分爲甲、乙、丙、丁、戊、己、庚、辛、壬、癸十箱[一]，箱下按數字分屜分包，體現了明義士本人的研究思想，更應得到尊重。故本書按藏家整理：小藏家或一人單爲一卷若干册，或幾人合爲一卷若干册；大藏家如明義士者，則按箱分卷，一卷一册或若干册。各卷之內，再按組類（字體）與事類排序。既體現博物館特色，又符合甲骨學規範。

（二）方便讀者使用

此前的甲骨著録書，爲降低成本，方便編排，大多都將原圖、拓本、摹本、釋文、注釋及相關信息和對照檢索表等分開編印。如果分爲三册，通常將原圖作一册，全彩印製；拓本、摹本作一册，釋文、注釋及相關信息、各類索引作一册，黑白印製。讀者閲覽一片甲骨，需要將三册大八開精裝圖書同時攤開，既厚重，又佔面積，十分不便。本書則將原圖、拓本、摹本、釋文、簡釋及相關信息合置於同一頁，全彩印製。讀者閲覽一片甲骨，只需攤開一册圖書。這對於讀者閲覽，無疑提供了極大的方便，相信一定會受到讀者歡迎。

（三）適應學術潮流

博物館的任何藏品原本都要求定名。我國政府爲了保護珍貴古籍，從二〇〇七年開始，到二〇二〇年爲止，通過評審，公佈了六批《國家珍貴古籍名録》，出土文獻五大門類，金文、簡牘、文書、石刻碑帖第一批就進入了名録，甲骨文第四批也進入了名録，悉皆成爲了古籍，而古籍也是要求定名的。我國申報的甲骨文通過聯合國教科文組織評審，二〇一七年入選《世界記憶名録》，名録也是要求定名的。在此背景下，本書適應潮流，根據甲骨文內容，給所有甲骨都進行了定名。甲骨著録書有了目録，也會受到讀者歡迎。

（四）借鑑成功經驗

出土文獻整理要求釋文能够反映原狀。故吐魯番文書釋文按行逐録並標明殘缺位置，墓誌釋文要加「平闕」和轉行號。甲骨文釋文也應如此。雖然現在通行的甲骨文釋文是按條逐録，且行用已久，難以遽爾改變；但以前的甲骨文釋文卻並非完全如此，明義士、董作賓都做過能够反映原狀的釋文[二]。此類釋文符合出土文獻整理原則，當時使用也很習慣，應屬成功經驗。本書在現在通行的按條逐録的釋文外，借鑑明義士、董作賓的成功經驗，另附能够反映原狀的釋文。既照顧了甲骨研究者閲讀習慣，又維護了出土文獻整理原則。

還有一些設想，因種種原因，未能落實。譬如附録導讀文字。因爲甲骨文寫刻缺乏規範，存在多種讀法。這對專業甲骨研究者閲讀固然没有問題，但對於非專業甲骨研究者閲讀恐怕會存在困難。屈萬里認爲做釋文應使「不專習甲骨文者，可藉釋文得利用其材料」[三]。饒宗頤做甲骨釋文曾附録「兩

〔一〕胡厚宣後來回憶一九七四年到故宫博物院選拓甲骨云：「在北京故宫，承院方美意，曾破例允許我在倉庫的辦公房裏，挑選最後在庫房找出原存華語學校的明義士舊藏的十箱甲骨，以供拓印，這種熱情，實在令人感激！」見《大陸現藏之甲骨文字》，原載《「中央研究院」歷史語言研究所集刊》第六七本第四分，一九九六年十二月，收入《中國古文字大系·甲骨文獻集成》第三四册，成都：四川大學出版社，二〇〇一年六月，第二三一頁。其中提到的「十箱甲骨」，即指此按十天干分裝的十箱甲骨。

〔二〕明義士《柏根氏舊藏甲骨文字》，濟南：齊魯大學國學研究所，一九三五年；董作賓《殷虛文字外編》，臺北：藝文印書館，一九五六年六月。

〔三〕屈萬里《殷虛文字甲編考釋》，原爲中國考古報告集之二，臺北：「中央研究院」歷史語言研究所影印本，一九六一年六月，收入《屈萬里先生全集》第二集第六册，臺北：聯經出版事業公司，一九八四年，第一五頁（凡例第二條）。

版辭皆自下向上讀」等導讀文字〔一〕。前輩學人體恤非專業甲骨研究者，可謂煞費苦心。但因本書既有按條迻録的釋文，又附反映原狀的釋文，兩相對照，即能推出甲骨文的具體走向，便將早期撰寫的導讀文字，悉皆删除了。

本書是一個巨大的系統整理出版工程，由於工作是從零起步，篳路藍縷，創業維艱，預計會進行若干年。在此期間，隨著整理出版工作的深入，本書或許會根據不同情況，對一些設想進行更新。需要强調的是，這種更新，只會更加面向大衆，更加方便讀者使用。

本書在整理過程中，得到故宮博物院各級領導、各部門同事的大力支持，得到國内外甲骨、考古、古文字學界專家、學者的大力幫助。本書的出版，得到北京故宮文物保護基金會慷慨資助。在此，謹向所有支持、幫助本書工作的領導、同事、專家、學者，資助本書出版的北京故宮文物保護基金會，表示衷心的感謝！

本書的疏漏和錯誤在所難免，希望得到大家的批評、指正。

二〇一八年十月十日初稿

二〇二〇年十二月三十一日定稿

〔一〕饒宗頤《殷代貞卜人物通考》，香港大學出版社初版，一九五九年十一月，收入《饒宗頤二十世紀學術文集》，北京：中國人民大學出版社，二〇〇九年九月，第五二頁。

凡例

一　本書著録故宫博物院藏殷墟甲骨文及相關同源甲骨文。

二　院藏有字甲骨均有原圖、拓本、摹本、釋文；相關同源甲骨文根據不同情況，或僅有拓本、釋文，或兼有原圖、摹本。

三　原圖、拓本、摹本按實物原大刊出，間附放大圖版。

四　甲骨文序列，按現在甲骨學界通行規範，先王卜辭，後非王卜辭，再按組類（字體）與事類編排。

五　釋文文本分爲兩部分：「簡釋」前爲一部分，係釋文實體，包括定名、題解、釋文、簡釋；「備注」後爲一部分，係相關信息，包括組類、材質、尺寸、著録、來源、收藏號。

六　定名分二類：卜辭按歷史形成四要素之時間、人物、地點、事件定名；多條卜辭，取重要者定名，下加「等」字。其他祀譜、干支表、龜甲入貢整治等非卜辭，按通例定名。

七　定名儘量使用釋文原字、原詞，不用缺字（□）、補字（［］）、殘斷號（⧄）及「合文」字。釋文中的本字和其後括注表示實際意義的字，定名不用本字，而用括注字。

八　題解參考「備注」材質，以「本甲」或「本骨」開頭，介紹該甲骨正反存辭情況與數量及有無界劃綫。

九　釋文一律用寬式。採用甲骨學界公認字形。非公認字形，酌情在「簡釋」中舉例説明，稱「比定」爲某字。

一〇　釋文同一甲骨有多條卜辭，以數字爲序。缺一字用□表示，補字外加方括號（［］），缺文字數不詳和殘斷用⧄表示，疑字下用問號（?），異體、通假、多義字下括正字或表示實際意義的字。

一一　簡釋主要介紹甲骨塗朱、填墨、改刻、習刻、倒刻、省筆、缺筆、删改、截鋸、黏連、綴合以及合文和首次出現的新字、新字形等信息，兼附相關研究信息（參前第九條）。

一二　本書每卷最後附録該卷各類信息對照檢索表及參考文獻目録。

謝伯殳（一八九〇至一九六七）

謝伯殳《殷虛遺文拓片》書影

《殷虛遺文拓片》內頁一

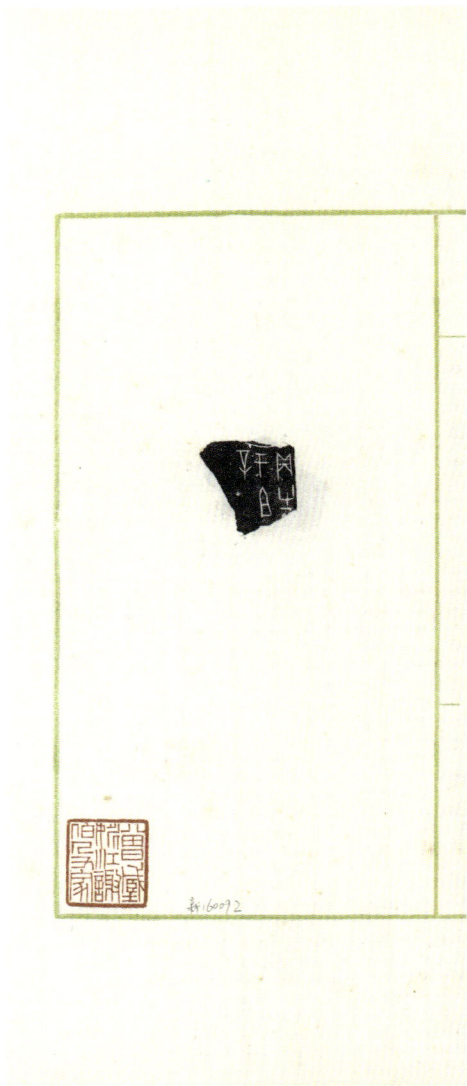

《殷虛遺文拓片》內頁二

《殷虛遺文拓片》內頁三

謝伯殳卷總目録

〔壹〕

〔貳〕

〔叁〕附編　華東師範大學藏謝伯殳等甲骨

前言

《故宮博物院藏殷墟甲骨文》整理組

謝伯殳（一八九〇至一九六七年）名棨渙，字伯殳〔一〕，號庸齋，又號瓠廬〔二〕，以字行。浙江餘姚泗門鎮後街人〔三〕。嘗居同縣周巷鎮〔四〕。祖謝綸輝（字楞徽），著名銀行家、實業家。父早殁，由祖綸輝撫養成人〔五〕。早年就讀上海大富商葉澄衷（即馬衡的岳父）所辦澄衷學堂。後考入上海聖約翰大學（全英文教學的教會大學），肄業後，即留居滬瀆經商。一九二一年十月，與紹興幫鉅子田時霖、田祈原等四十六人發起創辦中國首家信托公司——中央信托公司，一九三六年一月，改名中一信托公司，長期任董事〔六〕。其間，一九三〇年，任華義銀行（Banco Italiana Per la Cina）買辦（華經理），同時，投資多家工商企業，任美大火油公司董事長，光華火油公司、華美煙草公司、開成造酸公司、寰球鐵工廠、紹興大明電氣公司董事，民豐造紙廠監察人〔七〕。謝伯殳

〔一〕關於謝伯殳生平材料，一九五四年後原屬空白，近年始有一些記載，如：金普森、孫善根主編《寧波幫大辭典》，寧波：寧波出版社，二〇〇一年三月，第二三〇、三三〇頁。寧波市政協文史委員會編《上海總商會的寧波人》，北京：中國文史出版社，二〇一〇年十月，第三三〇頁。寧波幫博物館編《寧波幫人文系列：近代上海甬籍名人實録》，寧波：寧波出版社，二〇一四年九月，第三四四頁。然對其名與字，往往倒置。現據謝自用印鐫「餘姚謝棨渙字伯殳審定金石文字記」十五字，知實名棨渙，字伯殳。按：古人以字釋名。謝名「棨渙」，「棨」爲有繒衣之戟，多用作儀仗。「伯殳」，出《詩·衛風·伯兮》：「伯也執殳，爲王前驅。」「殳」爲竹木長杖，無刃，亦多用作儀仗。知「伯殳」正好釋「棨渙」。

〔二〕陳巨來曾爲謝伯殳刻「謝庸齋鑒藏印」。吴仲坰乙酉（一九四五年）八月爲謝伯殳刻自用對章：一曰「庸齋學書」，一曰「庸齋書翰」。知謝伯殳號「庸齋」。另號「瓠廬」，參下文介紹謝伯殳《瓠廬謝氏藏殷墟遺文》拓本集。

〔三〕謝伯殳《瓠廬謝氏藏殷墟遺文》拓本集鈐有「曾藏姚江謝伯殳家」印。「姚江」又名舜江、舜水，爲餘姚別稱（餘姚相傳爲舜出生地及舜支庶封地）。另據盧旦華《周巷中學前身之創建時期》網文介紹，一九五二年餘姚縣民辦姚北中學成立新校董事會，謝伯殳任董事，里貫仍記「泗門區」，知其始終未曾放棄祖籍。二〇二〇年六月二十四日，謝伯殳外孫、上海市社會主義學院副調研員盧鋒，在看到本項目相關報導之後，重返餘姚泗門訪舊，參觀謝氏宗祠、謝伯殳祖居「泰和里」、謝氏先祖故宅「成之莊」，在莊内「科舉文化博物館」館藏文獻中發現謝伯殳致家鄉誠意學堂首任堂長謝家山書信一封，知謝伯殳與鄉里曾有書信往還。參閲：褚納新《我國甲骨文收藏大家謝伯殳後人到泗門尋根》，《餘姚日報》二〇二〇年六月二十八日第五版。按：同日（二十八日），盧鋒主動與本項目組聯繫，提供了一九五四年後關於謝伯殳的生平材料，謹此致謝。

〔四〕周巷距泗門約十公里，一九五四年十月劃屬慈溪縣，該鎮有謝家弄。清邵友濂修、孫德祖等纂《光緒餘姚縣志》卷一《疆域》縣境全圖有「四（泗）門市」和「周巷路」，「市肆」條有「第四（泗）門市」和「周巷市」。見《中國方志叢書·華中地方》第五〇〇號，臺北：成文出版社有限公司（據光緒二十五年刊本）影印本，一九八四年三月，第三八、七一頁。知在一九五四年前，泗門、周巷一直同屬餘姚縣。另據前揭盧旦華《周巷中學前身之創建時期》網文介紹：一九四九年下半年餘姚縣姚江初級中學校董事會名册有謝伯殳。一九五一年八月該中學改名餘姚縣民辦姚北中學，一九五二年成立新校董事會，謝伯殳仍任董事。該中學即今周巷中學。按當時通例，鄉紳主要資助自己居處的學校。故知謝伯殳曾在周巷鎮居住。

〔五〕按：不知從何時起，國内網上出現一種錯誤觀點，認爲謝伯殳即謝永森，伯殳是永森的另名或另字，永森一九四九年前移民美國，伯殳自然也去了美國。據載，謝綸輝有三子：謝永耀（字光甫）、謝永標（字韜甫，一作弢甫）、謝永森（字植甫）。永耀、永標均繼承家業爲銀行家。唯永森爲英國劍橋大學（舊譯坎不立其大學）畢業，獲法學碩士學位，成爲民國年間著名法學家、大律師。前揭「科舉文化博物館」館藏文獻中又有謝綸輝致家鄉誠意學堂首任堂長謝家山書信一封，内稱「森兒、棨孫」云云，顯而易見，二人年齡相近，卻並非同輩，更非同一人。另據謝伯殳之女謝慧霞（即前揭盧鋒之母）回憶，伯殳之父早殁，故由祖綸輝撫養成人。而謝永耀、謝永標、謝永森三人，在伯殳成人後皆尚健在。因疑謝綸輝原有四子，長子佚名，係伯殳之父，伯殳爲綸輝之長孫，謝永森則爲伯殳之四叔。

〔六〕陶水木《浙江金融財團的形成及地位》，《中國經濟史研究》二〇〇一年第一期，第三七頁。另參《民國時期十五家信托公司檔案》諸網文。

〔七〕吴培初《舊上海的外商銀行買辦》，《舊上海的外商與買辦》（《上海文史資料選輯》第五六輯），上海：上海人民出版社，一九八六年八月，第七七、八八至八九頁。按：吴培初一九〇三年就爲外商銀行服務，一九三一年擔任美商花旗銀行買辦。該文爲他撰寫的回憶録，應該可信。但只是籠統而言，其間會有種種變化。譬如謝伯殳投資光華火油公司，並不僅任董事。近年大陸拍賣公司拍品，有民國二十一年（一九三二）上海光華火油股份有限公司保證金收據兩張：一張爲一月一日，記謝伯殳爲公司「監理」，一張爲五月一日，記謝伯殳爲公司「常務董事」。又有民國二十二年（一九三三）上海光華火油股份有限公司丙字股票存根一本一百張，中有多張屬謝伯殳，均記謝爲「股東」，「收執計股銀壹仟圓整」等。其他可據此推之。

獲得收益，不忘支持家鄉教育事業。一九四七年十月，周巷鎮成立餘姚縣私立姚江初級中學，一九五一年八月，改名餘姚縣民辦姚北中學。謝伯殳直到一九五二年，仍任該中學校董事會董事。一九五三年，政府對資本主義工商業進行社會主義改造如火如荼。謝伯殳兼任董事長的紹興大明電氣公司，王覲甫任經理主管業務，響應增加發電設備的號召，赴上海與謝伯殳等滬上股東協商增資添購機器，率先申請公私合營並獲批准，成爲紹興市實現公私合營的第一家企業〔一〕。

是後，謝伯殳雖然仍兼紹興大明電氣公司董事長，但自己一直在上海淮海路居住，基本不管公司事務。一九五五年，紹興大明電氣公司召開董事會，謝伯殳應邀由女兒謝慧霞陪同赴會。王覲甫在會上安排謝伯殳購買超量公債，謝伯殳不敢違忤，夜宿紹興，不能寐，服水合氯醛（可作催眠藥用）過量。回上海後，又通宵達旦電籌資金，最終舉債完成購買公債任務。從此，雖然又兼上海進出口公司（即原火油公司）總經理，但實際上基本在家，靠定息生活。一九六六年，上海市委徵用其淮海路房産用作單位宿舍，限期搬離淮海路，調配至安福路居住。同年，被兩次抄家，一次係上海進出口公司，另一次係紹興發電廠（即原大明電氣公司），畢生文物收藏蕩然無存。因遭受多重打擊，一九六七年中風去世。因種種原因，骨灰在上海無處安葬，權厝於杭州半山農民墓地（一九八七年創辦杭州半山公墓）。一九九七年十一月，最終遷葬於餘杭屯里林場公墓。

謝伯殳經商之餘，依於仁，游於藝，不僅與碩儒沈曾植、莊藴寬往來，與篆刻名家王福庵、陳巨來、吴仲坰、鄧大川、方去疾、陳逸庵等過從，還從事金石、磚陶、書畫、甲骨等文物收藏。沈曾植、莊藴寬曾手書對聯贈謝伯殳，王福庵、陳巨來、吴仲坰、鄧大川、方去疾、陳逸庵等均曾給謝伯殳治印。謝伯殳的文物藏品多是精品，故在管理方面十分精心：金石磚拓多鈐「謝伯殳舊藏金石專拓九十四種」印，其中漢唐銅鏡與北魏僧欣造像記等拓本雖不算普通，但多種戰國戈與雁足燈全形拓更爲珍貴。書畫多鈐「謝伯殳四十以後所得」印，如明祝枝山《草書〈自叙詩〉》、清王翬《山水四條屏》及王國維《行楷陶淵明詩》等，反映隨著年齡增長，興趣有所變化。最珍視的藏品多鈐「曾藏姚江謝伯殳家」印，如《大觀帖殘本》與《古陶文集拓》（一百七十餘張）、《初拓漢曹全碑》（「因」字未損本）等，還有就是著名的《瓠廬謝氏藏殷墟遺文》拓本集。

謝伯殳的這部甲骨拓本集，最早受到關注，是在抗戰剛剛結束後。一九四五年十二月，著名甲骨學家胡厚宣初到北平，即到處尋訪抗戰期間新出甲骨，一次在琉璃廠西街路南富晉書社見到該拓本集，並在《五十年甲骨文發現的總結》中首次記録購買經過，原文爲：

> 瓠廬謝氏殷墟遺文拓本，共八册，約有六百片，都是戰後新出。我從富晉書社以兩萬元買了一份。另外還有一份，過幾天然即索價二十五萬元，漲價之暴，實在可觀〔二〕。

〔一〕金巨楠《在資本主義工商業社會主義改造中的帶頭人——王覲甫》，沈建中、張雨平等編《紹興市資本主義工商業的社會主義改造》，中共紹興市委統一戰綫工作部等出版發行，一九九〇年十一月，第一四九頁。

〔二〕胡厚宣《五十年甲骨文發現的總結》，上海：商務印書館，一九五一年三月，第五〇頁。另參胡厚宣口述、蔣迎春整理《往事瑣憶》，《中國文物報》一九九七年六月一日、六月十五日、七月二十日、七月二十七日第四版連載。

胡厚宣見該拓本集没有序言和後記，拓印年月亦未詳，僅版心上書口署《殷墟遺文》，下書口署「瓠廬謝氏藏」，便將其定名爲《瓠廬謝氏殷墟遺文》，並在《五十年甲骨學論著目》中首次著録，記藏家爲「瓠廬」〔一〕。而對「瓠廬謝氏」究竟是何人，上述二書都没有進行説明。

一九五六年七月，陳夢家出版《殷虚卜辭綜述》，以「瓠」爲略稱著録該拓本集，注明收甲骨「五七四」片，未對「瓠廬謝氏」是何人發表看法〔二〕。一九七九年九月，日本松丸道雄重印《謝氏瓠廬殷墟遺文》拓本集並作解題，計算實際僅收甲骨「五五〇」片，指出「富晉書社」的主人應是王富晉〔三〕，考證「瓠廬謝氏」時，提到安陽人謝國楨、其弟謝國彦、《逸經》主筆謝興堯三人，認爲「瓠廬謝氏」最有可能是謝國楨〔四〕。一九八二年五月，嚴一萍發表《瓠廬謝氏》文，指出「瓠廬謝氏」應爲浙江餘姚人謝伯殳〔五〕。一九八八年八月，劉一曼、郭振録、徐自强出版《北京圖書館藏甲骨文書籍提要》，關於「瓠廬謝氏」，針對松丸道雄之説，稱：「據我們最近瞭解，瓠廬謝氏應是謝國楨之弟謝國彦。」〔六〕一九九二年三月，胡厚宣發表《關於〈瓠廬謝氏殷墟遺文〉的藏家》文，針對此前關於「瓠廬謝氏」的種種説法，指出：關於謝氏的本名，該拓本集原有三枚圖章：一曰「白殳集古」（小方形，鈐於各册首頁），二曰「曾藏姚江謝伯殳家」（大方形，鈐於各册末頁），三曰「鏡泉手拓」（小方形，鈐於各册末後一頁）。認爲：「瓠廬謝氏」爲浙江餘姚縣人謝伯殳，是很清楚的〔七〕。至此，關於「瓠廬謝氏」究竟是何人的争論，可以告一段落了。

這部甲骨拓本集，除松丸道雄重印本外〔八〕，主要被三部書收録：首先是《京津》〔九〕。由於該拓本集原本難得，《京津》初次收録，即受到關注。陳夢家《殷虚卜辭綜述》著録該拓本集，特别在後面括注：「一部分見《京津》。」〔一〇〕松丸道雄重印《謝氏瓠廬殷墟遺文》拓本集，特别在解題中附表列舉《京津》與拓本集重出的甲骨〔一一〕。胡厚宣後來回憶編輯《京津》經過時説：「一九四五年我所買到的一部，在編輯《戰後京津新獲甲骨集》時，已全部予以剪掉，重要的都已收録《京津集》中。」〔一二〕知該拓本集的精華，《京津》已基本收録。其次是《合集》〔一三〕。胡厚宣編輯《合集》，收録不少謝

〔一〕胡厚宣《五十年甲骨學論著目》，上海：中華書局，一九五二年一月，第四〇、一九二頁。

〔二〕陳夢家《殷虚卜辭綜述》第二十章附録三《甲骨著録簡表》第五類「未發表完全之拓本」，考古學專刊甲種第二號，北京：科學出版社，一九五六年七月，第六七三頁。

〔三〕王富晉字浩亭，冀州市王海莊人，一九一二年在北平開設富晉書社總店，一九三〇年在滬開設富晉書社分社，主營金石、書畫、史學、考古、方志等圖書及古舊書籍，羅振玉《殷虚書契考釋》等書曾由該社專賣，魯迅在北平期間也曾在該社買過不少圖書。參閲常末樹、方健《冀深二州設滬書肆記》富晉書社條，《文史精華》一九九九年增刊第二期，第五二頁。

〔四〕［日］松丸道雄《解題：「謝氏瓠廬藏殷墟遺文」について》，《謝氏瓠廬殷墟遺文》，東京：汲古書院影印本，一九七九年九月，第五五三至五六一頁。

〔五〕嚴一萍《瓠廬謝氏》，《中國文字》新六期，臺北：藝文印書館，一九八二年五月，第八五頁。

〔六〕劉一曼、郭振録、徐自强《北京圖書館藏甲骨文書籍提要》第八八號［日］松丸道雄解題《謝氏瓠廬殷墟遺文》，北京：書目文獻出版社，一九八八年八月，第六九頁。

〔七〕胡厚宣《關於〈瓠廬謝氏殷墟遺文〉的藏家》，《華夏考古》一九九二年第一期，第一〇九至一一〇、一〇八頁。

〔八〕臺灣中研院史語所藏甲骨文拓片約四萬餘件，二〇〇四年開始建置「甲骨文拓片數位典藏」，其中亦有「謝伯殳輯《殷虛遺文》，不分卷，瓠廬謝氏墨拓本」，因爲不是出版物，這裏亦不計算在内。

〔九〕胡厚宣《戰後京津新獲甲骨集》，上海：群聯出版社影印本，一九五四年三月。

〔一〇〕陳夢家《殷虚卜辭綜述》第二十章附録三《甲骨著録簡表》第五類「未發表完全之拓本」，考古學專刊甲種第二號，北京：科學出版社，一九五六年七月，第六七三頁。

〔一一〕［日］松丸道雄《解題：「謝氏瓠廬藏殷墟遺文」について》，《謝氏瓠廬殷墟遺文》，東京：汲古書院影印本，一九七九年九月，第五六二至五六三頁。

〔一二〕胡厚宣《關於〈瓠廬謝氏殷墟遺文〉的藏家》，《華夏考古》一九九二年第一期，第一一〇頁。

〔一三〕郭沫若主編、胡厚宣總編輯《甲骨文合集》，北京：中華書局影印本，一九七九年十月至一九八二年十月。

伯殳舊藏甲骨，看似或與《京津》重複，或爲《京津》未收，但實際多是胡厚宣據原物新拓（參下文），與該拓本集没有太大關係。最後是《合補》〔一〕。《合補》雖然收録不多，但除極個別外，基本都是《京津》《合集》未收者。儘管如此，該拓本集仍有很多有價值的材料，這三部書没有收録。

這部甲骨拓本集的甲骨原物，原來均藏富晉書社上海門市部〔二〕。胡厚宣回憶：「一九四七年一月，我離開齊魯大學，到上海，在復旦大學歷史系任教。一次在市區漢口路北富晉書社上海門市部，看到了《瓠廬謝氏殷墟遺文》甲骨的實物，索價很高。」接叙一九五六年十二月自己調到北京中科院歷史所工作，繼云：

> 一九六一年十二月七日，爲了編輯《甲骨文合集》，我從北京又去上海華東師範大學選拓甲骨，知道《瓠廬謝氏殷墟遺文》的甲骨，有小部分約幾十片，已經售歸上海華東師範大學歷史系。
>
> 一九六五年十二月十五日，在北京去故宮博物院選拓甲骨，又知道《瓠廬謝氏殷墟遺文》的甲骨，大部分已售歸了故宮博物院金石組，共有五二三片〔三〕。

根據胡厚宣的回憶，可知謝伯殳舊藏甲骨，至遲在一九四七年一月，已歸富晉書社上海門市部所有，因爲索價很高，若干年後才得以分售北京故宮博物院和上海華東師範大學歷史系。

故宮博物院是一九五七年三月十五日在上海購到這批謝伯殳舊藏甲骨的。當時係整盒購入（未拆盒揀選），並附《瓠廬謝氏藏殷墟遺文》拓本集一函八册。確如胡厚宣所統計，共五二三片，編爲新一六〇〇〇一至新一六〇五二三號收藏。故宮金石組前輩學人已根據前揭該拓本集鈐印，確認這批甲骨的藏家就是謝伯殳。

上海華東師範大學歷史系何時購到另批謝伯殳舊藏甲骨不詳。不過，可能並非如胡厚宣回憶所説，直到一九六一年十二月七日，才知另批謝伯殳舊藏甲骨已經售歸上海華東師範大學歷史系。因爲胡厚宣一九五五年十二月出版的《續存》已收有華東師範大學歷史系藏謝氏甲骨三十七片〔四〕。松丸道雄重印《謝氏瓠廬殷墟遺文》拓本集，特别在解題中附表列舉《續存》與拓本集「華東師範大學歷史系藏骨」重出的甲骨〔五〕。胡厚宣主編《甲骨文合集材料來源表》也列有「華東師範大學」〔六〕。故華東師大購藏謝氏甲骨時間可能更早。

〔一〕彭邦炯、謝濟、馬季凡《甲骨文合集補編》，北京：語文出版社影印本，一九九九年七月。
〔二〕據謝伯殳外孫盧鋒告知，這批甲骨原物，是謝伯殳本人委託富晉書社上海門市部代售的。
〔三〕胡厚宣《關於〈瓠廬謝氏殷墟遺文〉的藏家》，《華夏考古》一九九二年第一期，第一〇九頁。
〔四〕胡厚宣《甲骨續存》，上海：群聯出版社影印本，一九五五年十二月。按：該書卷末附「採録資料索引表」注明「華東師範大學歷史系藏三八片」，其中第七、八兩號，是《瓠廬謝氏殷墟遺文》第四二一號的正反兩面，故實際只有三十七片。
〔五〕〔日〕松丸道雄《解題：「謝氏瓠廬殷墟遺文」について》，《謝氏瓠廬殷墟遺文》，東京：汲古書院影印本，一九七九年九月，第五六二頁。
〔六〕胡厚宣主編，肖良瓊、謝濟、顧潮、牛繼斌編《甲骨文合集材料來源表》「拓本及現藏單位簡稱表」，北京：中國社會科學出版社，一九九九年八月，第一〇七〇頁。

故宫甲骨整理組在整理院藏甲骨的同時，致力於搜尋同源甲骨的下落，不僅希望恢復各藏家舊藏甲骨的原貌，使院藏甲骨資料具有一定的完整性，還希望借助這種完整性，方便同源甲骨的綴合和促進同源甲骨的研究。二〇一六年十二月，故宫甲骨整理組通過華東師大歷史系牟發松教授，瞭解到該系博物館可能有一定數量的謝伯殳舊藏甲骨，同時還可能有少量其他藏家舊藏甲骨。二〇一七年，整理組赴上海兩次：第一次是情況調研，起一月九日，止一月十二日，王素帶隊，任昉協調，楊楊、李延彦參加。第二次是資料採集，起六月十三日，止六月十七日，王素帶隊，任昉協調，本項目攝影組李凡、余寧川，拓片組何巧娟、陳鵬宇，釋文組盧巖、楊楊、李延彦，故宫文物管理處楊兮，一共十人參加。在歷史系領導沐濤教授、博物館負責人王進鋒副教授的大力支持下，故宫博物院與華東師大歷史系合作，將這批謝伯殳等舊藏甲骨資料完整採集回來了〔一〕。

需要提及的是，根據《瓠廬謝氏藏殷墟遺文》拓本集，本院謝伯殳舊藏甲骨與華東師大歷史系謝伯殳等舊藏甲骨，以及相關信息，感覺應該還有幾盒謝伯殳舊藏甲骨，被其他單位購藏了。但由於種種原因，到目前爲止，故宫甲骨整理組尚未搜尋到這幾盒甲骨的下落。爲了不影響《故宫博物院藏殷墟甲骨文》叢書的整理出版，整理組只得先將華東師大歷史系這批謝伯殳等舊藏甲骨編入本叢書《謝伯殳卷》。至於那幾盒尚未搜尋到的謝伯殳舊藏甲骨，只能等待其他機緣了。

本卷共分三册：第一、二册是本院謝伯殳舊藏甲骨，第三册是「附編　華東師範大學藏謝伯殳等甲骨」。現將本卷文本整理工作大致情況分述如下：

本院謝伯殳舊藏甲骨五二三片，除去綴合，編爲五一四號，其中無字甲骨六片。釋文組組長韋心瀅，釋文初稿亦由韋心瀅完成。文物信息由編目組提供。書稿由釋文組整理編撰，盧巖初審，沈建華終審，孫亞冰終校。

華東師大歷史系謝伯殳等舊藏甲骨一四六片，除去綴合，編爲一四〇號，其中真僞刻兼有二片，僞刻、習刻、無字、蚌殼等二八片。釋文組組長盧巖。文物信息由華東師範大學提供。書稿由釋文組整理編撰，盧巖初審，沈建華終審，孫亞冰終校。

本卷在整理過程中，得到國内外甲骨、考古、古文字學界專家、學者的大力支持和幫助。在出版過程中，中華書局各級領導給予了種種關照，責編朱兆虎、聶麗娟更爲本卷的出版竭盡心力。在此，謹向所有關心、支持本卷整理出版工作的同行、朋友，表示衷心的感謝！

二〇一八年十二月三十日初稿

二〇二〇年十二月三十一日定稿

〔一〕關於華東師大謝伯殳等舊藏甲骨情況，另參本卷〔叁〕《附編　華東師範大學藏謝伯殳等甲骨》王進鋒撰《華東師範大學藏謝伯殳等甲骨情況介紹》一文。

目録

《故宫博物院藏殷墟甲骨文》整理組

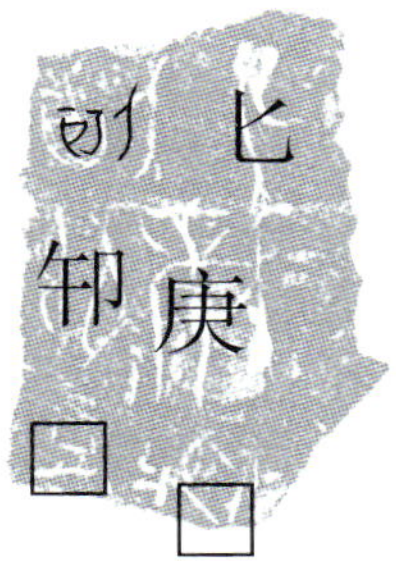

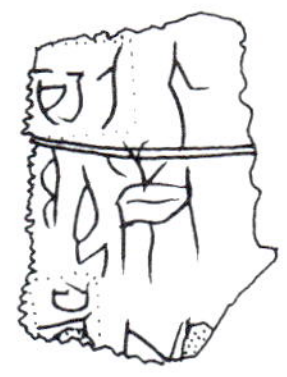

一　某日問禦妣庚事

本甲正面存辭一條。反面無字。

（一）☐[illegible]钔（禦）□☐匕（妣）庚□☐

【備注】

組類：𠂤組

材質：龜腹甲

尺寸：長二·四、寬一·七厘米

著録：《謝》三八

來源：一九五七年三月十三日滬購

院藏號：新一六〇一八九

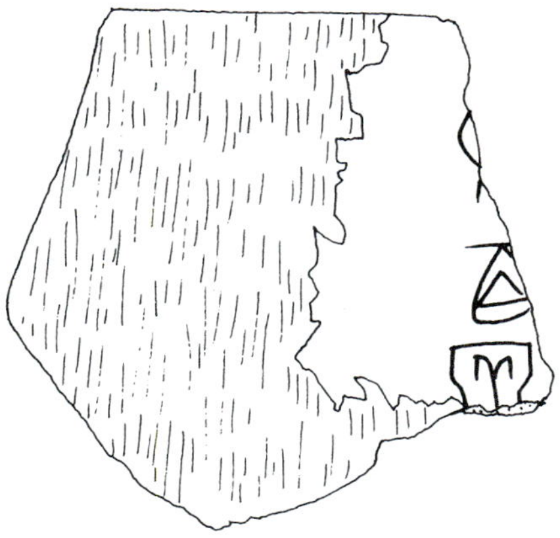
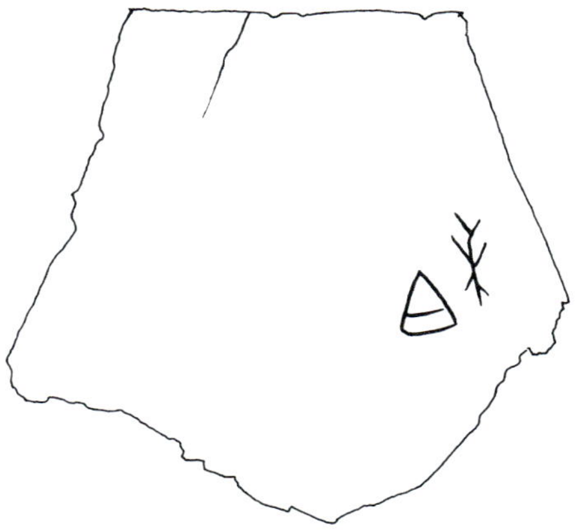

二　白禾與百宰殘辭

本骨正反面各存辭一條。

〔正面〕

（一）白[字形]（禾）〔一〕。

〔反面〕

（一）□□百［宰］。〔二〕

【簡釋】

〔一〕「[字形]」疑爲「禾」字。

〔二〕骨扇上端截鋸。

【備注】

組類：𠂤組

材質：牛肩胛骨

尺寸：長五・五、寬五・六厘米

著録：〔正〕《京》九〇五、《謝》一七；〔正反〕《合》二〇〇九五

來源：一九五七年三月十三日滬購

院藏號：新一六〇〇一二

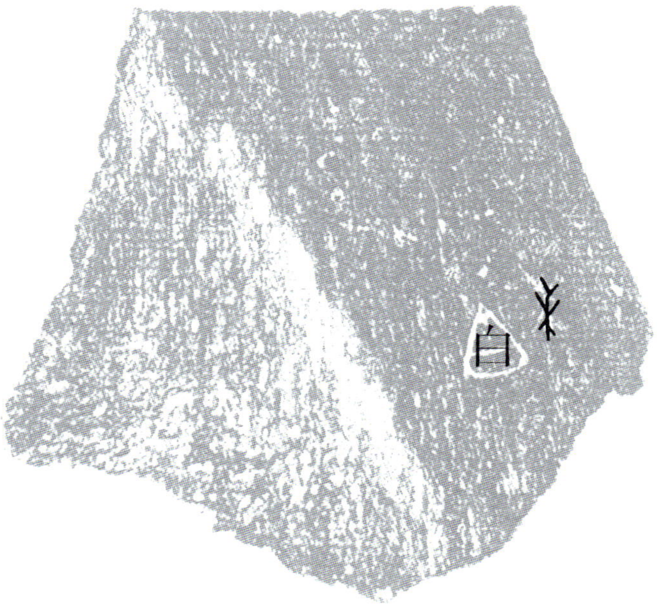
白

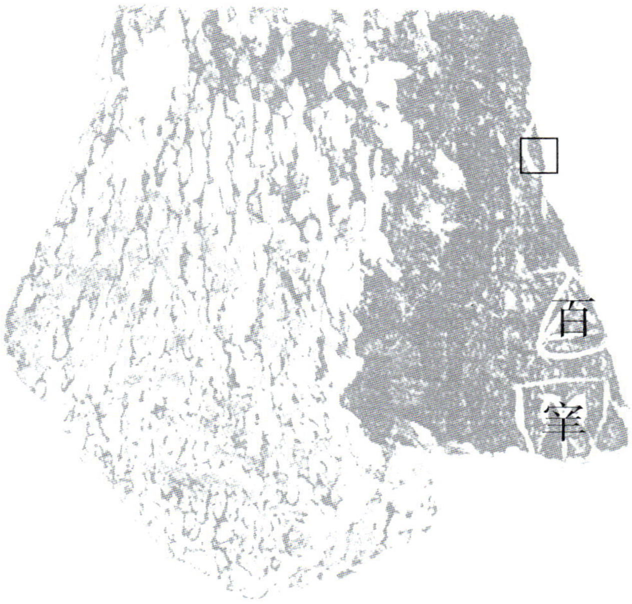
□
百
宰

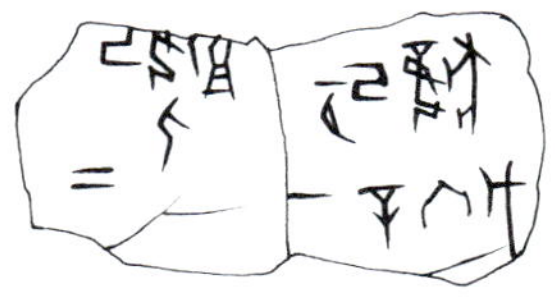

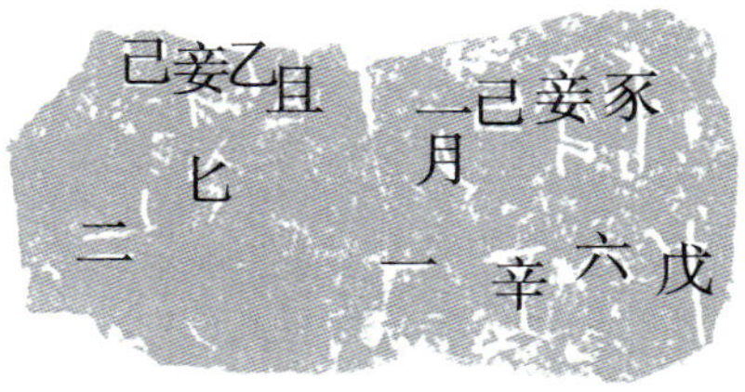

三　一月某日問祖乙妾妣己等事

本甲正面存辭三條，有界劃綫。反面無字。

（一）戊☐六☐辛☐　一

（二）☐家☐妾☐己。一月〔一〕。

（三）☐且（祖）乙〔二〕☐［妾］匕（妣）己。　二〔三〕

【簡釋】

〔一〕「一月」爲合文。

〔二〕「且乙」爲合文。

〔三〕本甲反面黏連一片殘甲。

【備注】

組類：𠂤組

材質：龜腹甲

尺寸：長三・五、寬一・八厘米

著録：《京》三〇四三、《謝》三八三、《合》一九八九二

來源：一九五七年三月十三日滬購

院藏號：新一六〇三六二

四　未日卜𠂤問婦鼠卣辟禦事

本甲正面存辭一條。反面無字。

（一）☐［未］卜，𠂤☐□帚（婦）鼠☐卣辟卭（禦）☐

【備注】

組類：𠂤組
材質：龜腹甲
尺寸：長二・四、寬一・三厘米
著録：《京》三〇一六、《謝》三〇一、《合》一九九九〇
來源：一九五七年三月十三日滬購
院藏號：新一六〇一〇〇

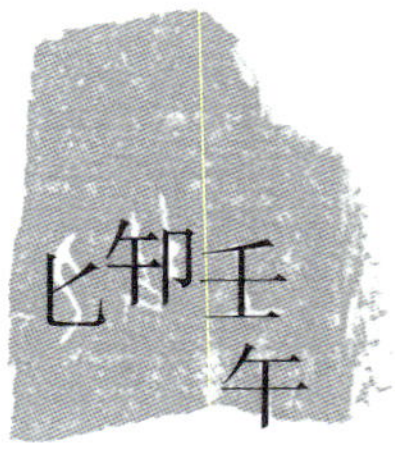

五　壬午問禦妣某事

本甲正面存辭一條。反面無字。

（一）壬［午］〼钔（禦）〼匕（妣）〼

【備注】

組類：𠂤組
材質：龜腹甲
尺寸：長二・〇、寬一・七厘米
著録：《謝》二九七
來源：一九五七年三月十三日滬購
院藏號：新一六〇一六七

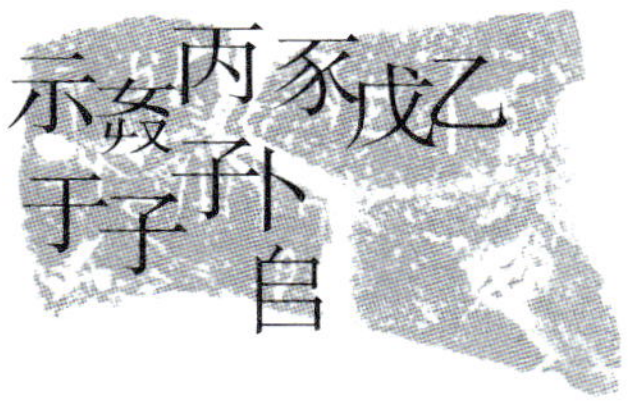

六　丙子卜𠂤問㚤子等事

本甲正面存辭二條。反面無字。

（一）丙子卜，［𠂤］☐㚤子☐示于☐

（二）☐乙☐戊☐豖☐

【備注】

組類：𠂤組

材質：龜腹甲

尺寸：長一・八、寬二・九厘米

著録：《合》二一五二〇

來源：一九五七年三月十三日滬購

院藏號：新一六〇二八九

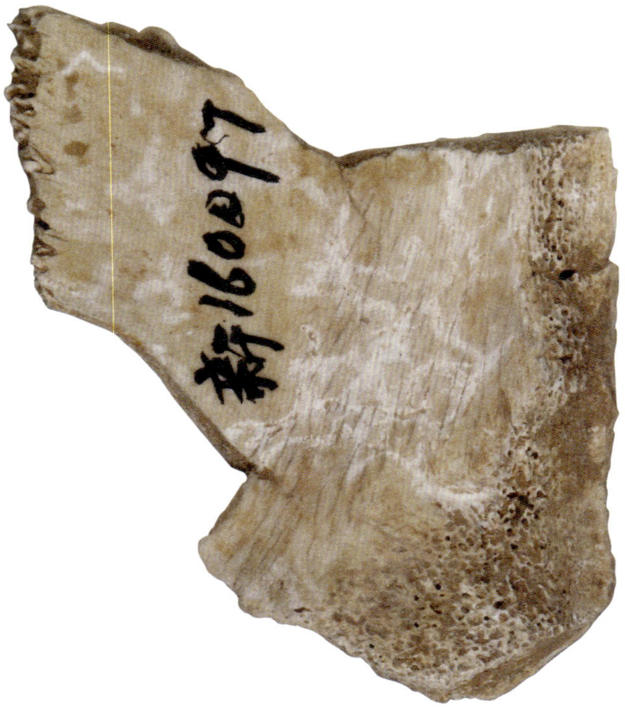

七　某日問𠂤老壬寅羌甘夕等事

本甲正面存辭三條，有界劃綫。反面無字。

（一）☐旬☐［夕］☐

（二）☐𠂤［老］〔二〕，壬寅羌甘夕☐

（三）☐□大云（雲）☐□北西☐化隹（唯）☐鳳（風）。

【簡釋】

（二）「𠂤老」同文辭例可參《合》二一〇五四。

【備注】

組類：𠂤組

材質：龜腹甲

尺寸：長三・二、寬二・四厘米

著録：《京》二九二〇、《謝》一六三、《合》一九七六九

來源：一九五七年三月十三日滬購

院藏號：新一六〇〇九七

八　九月癸巳貞旬與[glyph]老等事

本甲正面存辭二條。反面無字。

（一）癸［巳］☐旬☐九月〔一〕。　一

（二）☐貞：[glyph]老〔二〕。

【簡釋】

〔一〕「九月」爲合文。

〔二〕「[glyph]老」與《合》二〇八〇〇中「女老」一詞相似。「[glyph]」疑爲「妾」缺刻横劃。

【備注】

組類：𠂤組

材質：龜腹甲

尺寸：長一・九、寬一・八厘米

著録：《合》二一三一七

來源：一九五七年三月十三日滬購

院藏號：新一六〇三八二

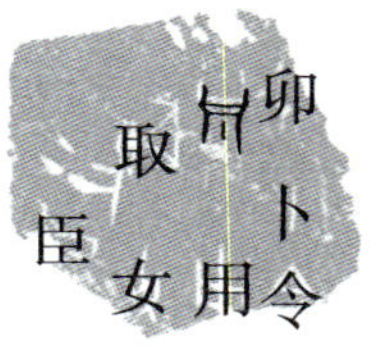

九　卯日卜令冋用取女臣事

本甲正面存辭一條。反面無字。

（一）　☐卯卜：令☐冋〔一〕［用］☐取［女］☐［臣］☐

【簡釋】

〔一〕「冋」字義不明，或爲人名、國族名。

【備注】

組類：自組

材質：龜腹甲

尺寸：長一・五、寬一・六厘米

著録：《謝》二九八

來源：一九五七年三月十三日滬購

院藏號：新一六〇一七七

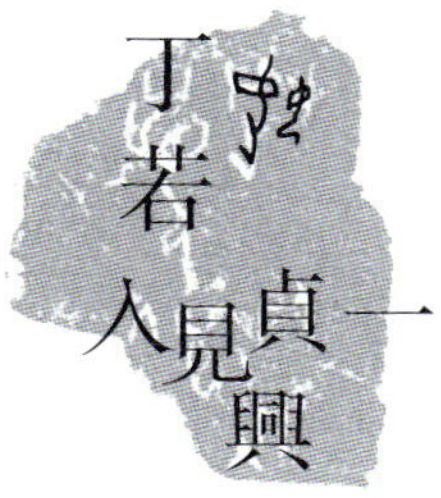

一〇　某日貞興見入等事

本甲正面存辭二條。反面無字。

（一）貞：興☐見☐入☐　一

（二）☐〓〔一〕☐丁，若。

【簡釋】

〔一〕「〓」字从「女」，或爲婦女名。

【備注】

組類：𠂤組

材質：龜腹甲

尺寸：長二・二、寬一・八厘米

著録：《謝》二二六、《合》二一一三六

來源：一九五七年三月十三日滬購

院藏號：新一六〇一八八

一一　某日王問余舞㞢事

本甲正面存辭一條。反面無字。

（一）☐王：余☐☐舞，［㞢］☐

【備注】

組類：𠂤組

材質：龜腹甲

尺寸：長一・九、寬一・七厘米

著録：《京》四五一、《謝》二六五、《合》四九九一

來源：一九五七年三月十三日滬購

院藏號：新一六〇〇九五

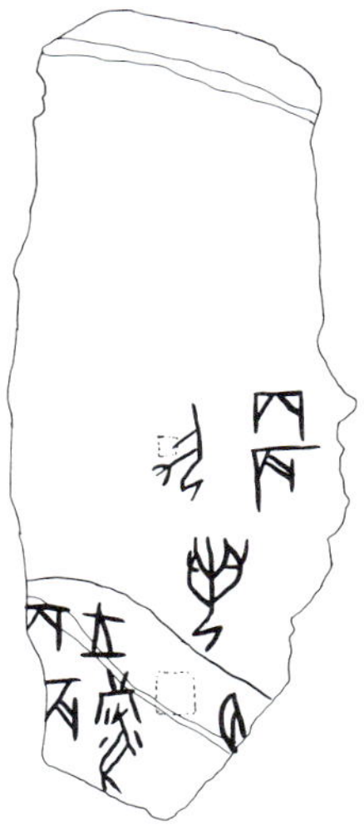

一二 丙辰王問〓夕與玊若等事

本甲正面存辭二條，有界劃綫。反面無字。

（一）丙辰⧄王：〓⧄□⧄夕⧄

（二）丙辰：玊，若。

【備注】

組類：𠂤組

材質：龜腹甲

尺寸：長六・七、寬二・八厘米

著録：《京》四八五七、《謝》三四、《合補》六七一八

來源：一九五七年三月十三日滬購

院藏號：新一六〇〇一〇

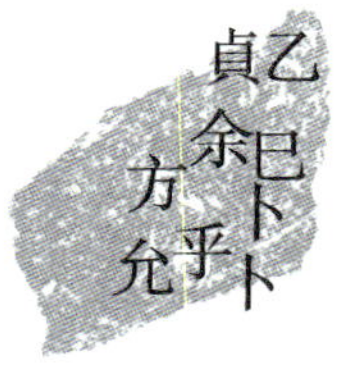

一三 某日卜呼方與乙巳卜貞余等事

本甲正面存辭二條，有界劃綫。反面無字。

（一）☐［卜］☐乎（呼）方允☐

（二）乙巳卜，［貞］：余☐

【備注】

組類：𠂤組

材質：龜腹甲

尺寸：長一・六、寬二・三厘米

著録：《合》二〇四九七

來源：一九五七年三月十三日滬購

院藏號：新一六〇〇二五

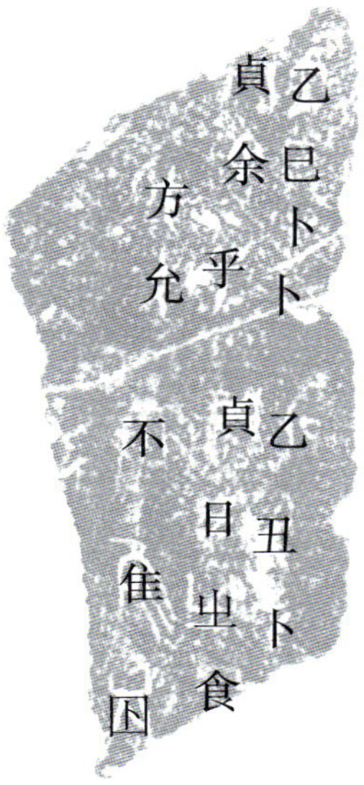

附　乙丑卜貞日有食不唯囚與某日卜呼方等事

《宮藏謝》一三可綴《宮藏謝》一七。綴合後本骨正面存辭三條，有界劃綫。反面無字。

（一）乙丑卜，貞：日㞢（有）［食］，不隹（唯）囚。

（二）☐卜☐乎（呼）方☐允☐

（三）乙巳卜，［貞］：余☐

【備注】

組類：𠂤組

材質：牛肩胛骨

尺寸：長四・九、寬二・〇厘米

著録：［上半］《合》二〇四九七；［下半］《合》二一二九八

院藏號：新一六〇〇二四+新一六〇〇二五

一四　寅日問王丑事

本甲正面存辭一條。反面無字。

（一）☐寅☐王☐丑☐　一

【備注】

組類：自組

材質：龜腹甲

尺寸：長一・九、寬一・八厘米

著録：未見

來源：一九五七年三月十三日滬購

院藏號：新一六〇〇四〇

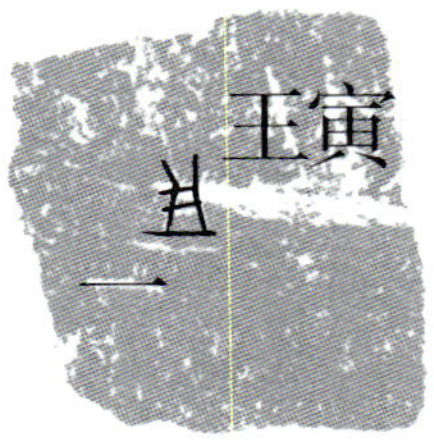

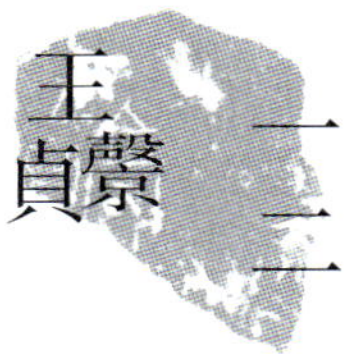

一五　某日王貞螢事

本甲正面存辭一條。反面無字。

（一）⍁王［貞］⍁［螢］⍁　一　二

【備注】

組類：𠂤組

材質：龜腹甲

尺寸：長一・六、寬一・二厘米

著録：《合》二〇二九二

來源：一九五七年三月十三日滬購

院藏號：新一六〇四三八

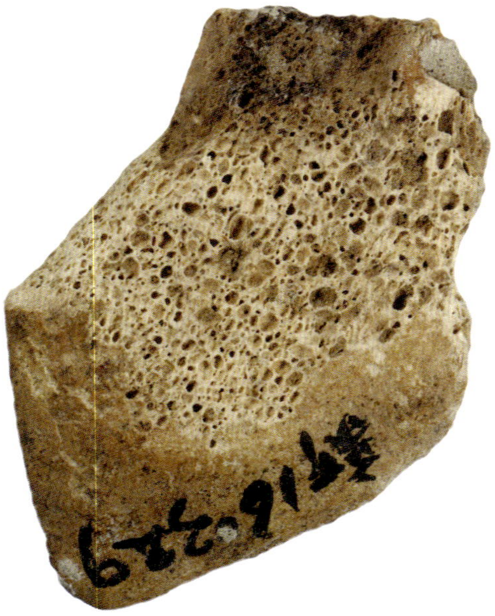

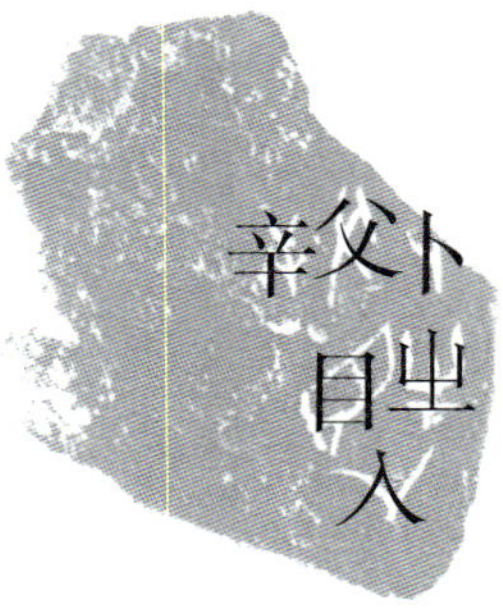

一六　某日卜侑父辛事與日入尾甲刻辭

本甲正面存辭二條。反面無字。

（一）☐卜：㞢（侑）父辛[一]。

（二）日入[二]。

【簡釋】

[一]「辛」字缺刻横劃。

[二]「日入」爲尾右甲記事刻辭，其中「入」字倒刻。

【備注】

組類：𠂤組

材質：龜腹甲

尺寸：長三・〇、寬二・一厘米

著録：《京》一八三、《謝》二七五、《合》二一六七

來源：一九五七年三月十三日滬購

院藏號：新一六〇三二九

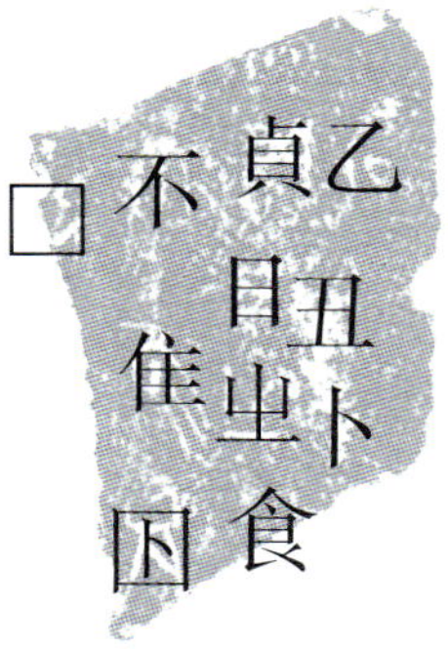

一七　乙丑卜貞日有食不唯囚事

本骨正面存辭一條。反面無字。

（一）乙丑卜，貞：日㞢（有）［食］，不隹（唯）囚〔一〕。□□

【簡釋】

〔一〕「囚」或比定作「禍」「咎」「憂」等字。

【備注】

組類：𠂤組

材質：牛肩胛骨

尺寸：長二·五、寬一·九厘米

著録：《合》二一二九八

來源：一九五七年三月十三日滬購

院藏號：新一六〇〇二四

一八　癸亥卜某事與甲寅問于丁雨等事

本骨正面存辭三條。反面無字。

（一）癸□☒

（二）癸亥[卜]☒

（三）甲寅：于丁雨。

【備注】

組類：自組

材質：牛肩胛骨

尺寸：長七・〇、寬二・三厘米

著録：《京》三八四一、《謝》五〇三、《合》二〇九三二、《合》三三八五一

來源：一九五七年三月十三日滬購

院藏號：新一六〇二六三

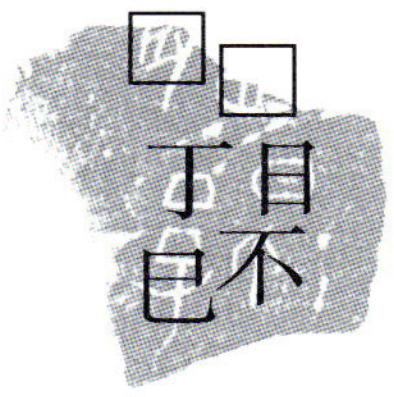

一九　丁巳問日不某事

本甲正面存辭二條。反面無字。

（一）丁巳〼日不〼

（二）〼□〼□〼

【備注】

組類：𠂤組

材質：龜腹甲

尺寸：長一・七、寬一・六厘米

著録：《謝》一八〇、《合補》六七八四

來源：一九五七年三月十三日滬購

院藏號：新一六〇一六九

二〇 某日問于辛等事

本甲正面存辭二條。反面無字。

（一）于辛。

（二）☐□☐

【備注】

組類：𠂤組

材質：龜腹甲

尺寸：長二・〇、寬一・七厘米

著録：未見

來源：一九五七年三月十三日滬購

院藏號：新一六〇〇六三

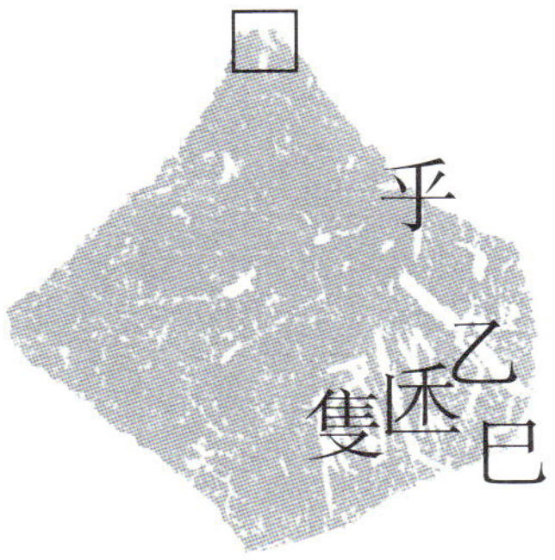

二一　乙巳問⿷匚丕獲等事

本甲正面存辭二條。反面無字。

（一）乙［巳］☐⿷匚丕[一]☐隻（獲）☐

（二）☐［乎］（呼）☐□☐

【簡釋】

[一]「⿷匚丕」或比定作「委」字。

【備注】

組類：𠂤組

材質：龜腹甲

尺寸：長二・八、寬二・八厘米

著録：《合》二〇二〇三

來源：一九五七年三月十三日滬購

院藏號：新一六〇〇六四

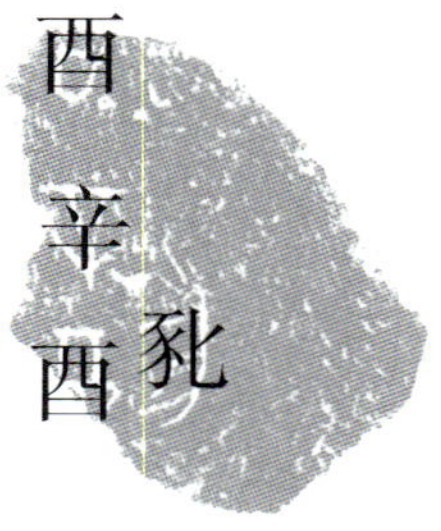

一三一　辛酉問𧲡等事

本甲正面存辭二條。反面無字。

（一）辛［酉］☐𧲡☐

（二）☐［酉］☐

【備注】

組類：𠂤組

材質：龜甲

尺寸：長二・四、寬一・五厘米

著録：《謝》一六七

來源：一九五七年三月十三日滬購

院藏號：新一六〇三八七

一三　某日卜𠂤問王不正事

本甲正面存辭一條。反面無字。

（一）☐［卜］，𠂤：王☐不正。

【備注】

組類：𠂤組

材質：龜腹甲

尺寸：長二・三、寬一・七厘米

著録：《合》七六二四

來源：一九五七年三月十三日滬購

院藏號：新一六〇一四九

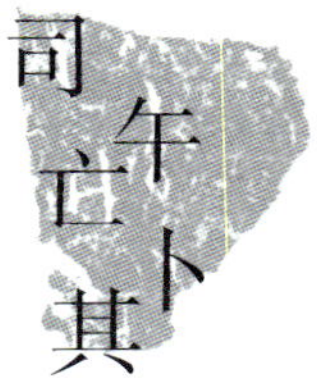

二四　午日卜司亡其某事

本甲正面存辭一條。反面無字。

（一）☐午卜☐司亡［其］☐

【備注】

組類：𠂤組

材質：龜腹甲

尺寸：長一・六、寬一・四厘米

著録：未見

來源：一九五七年三月十三日滬購

院藏號：新一六〇四四六

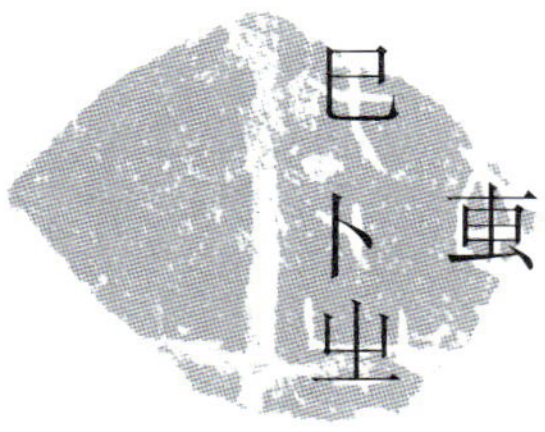

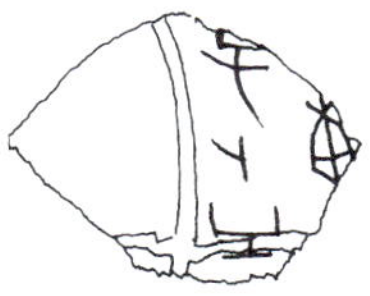

二五　巳日卜㞢某事

本甲正面存辭一條。反面無字。

（一）☐[巳]卜：㞢☐[叀]☐

【備注】

組類：𠂤賓

材質：龜腹甲

尺寸：長一・九、寬二・四厘米

著録：《合》一四九八九

來源：一九五七年三月十三日滬購

院藏號：新一六〇〇五〇

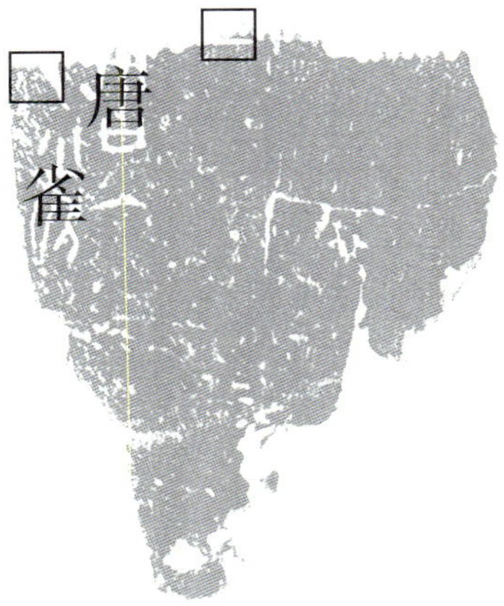

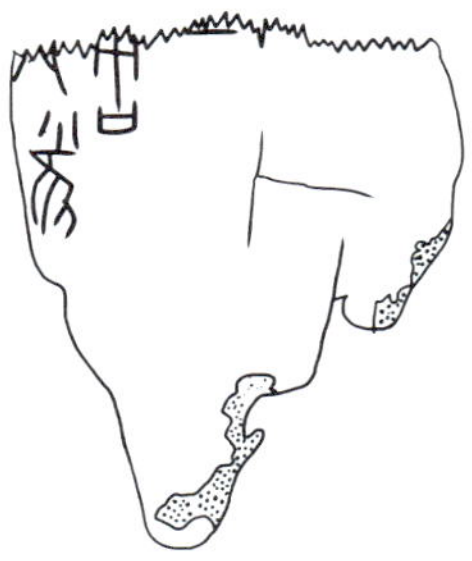

二六　某日問雀唐某事

本甲正面存辭一條。反面無字。

（一）⍁□雀⍁［唐］⍁□⍁

【備注】

組類：𠂤賓

材質：龜腹甲

尺寸：長三・七、寬三・一厘米

著録：《京》六六二、《謝》六二、《合》四一六九

來源：一九五七年三月十三日滬購

院藏號：新一六〇三六九

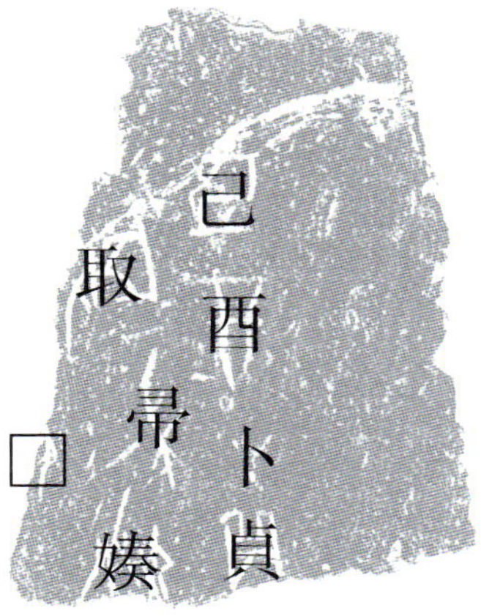

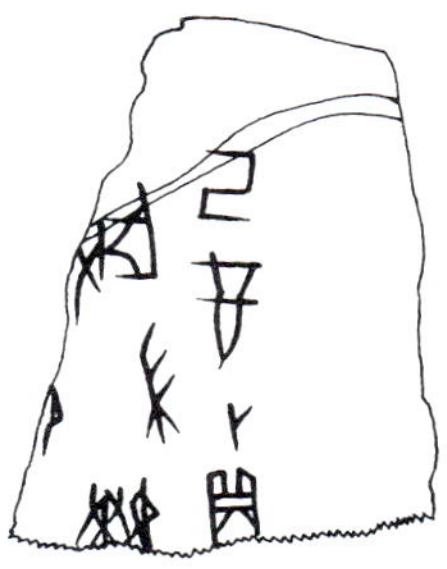

二七　己酉卜貞取婦婈事

本甲正面存辭一條。反面無字。

（一）　己酉卜，貞：取帚（婦）〔婈〕⧄□⧄

【備注】

組類：𠂤賓

材質：龜腹甲

尺寸：長三·八、寬二·七厘米

著録：《京》二〇一三、《謝》一八四、《合》一九九九四

來源：一九五七年三月十三日滬購

院藏號：新一六〇四八〇

二八　戊辰問雀侯等事

本甲正面存辭二條。反面無字。

（一）⧄□⧄

（二）戊辰⧄雀［侯］⧄〔一〕

【簡釋】

〔一〕本甲字口填墨。

【備注】

組類：自賓

材質：龜腹甲

尺寸：長二・四、寬二・一厘米

著録：未見

來源：一九五七年三月十三日滬購

院藏號：新一六〇二二四

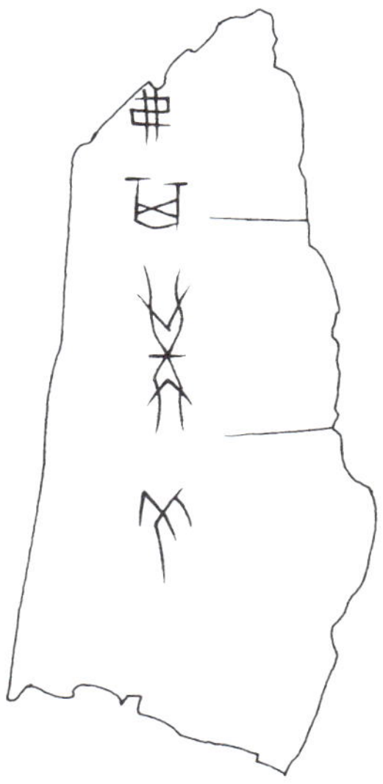

二九 某日問弗其遘羌事

本骨正面存辭一條。反面無字。

（一）〼弗其冓（遘）羌。

【備注】

組類：𠂤賓

材質：牛肩胛骨

尺寸：長七・二、寬三・二厘米

著録：《合》六六〇〇

來源：一九五七年三月十三日滬購

院藏號：新一六〇四九二

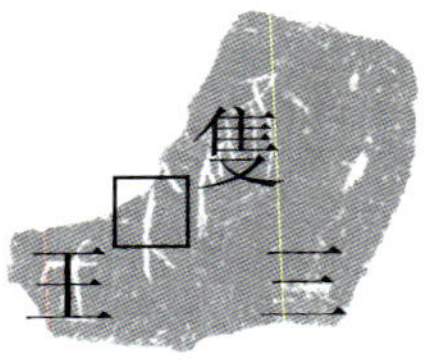

三〇　某日王問獲事

本甲正面存辭一條。反面無字。

（一）⧄王⧄□⧄隻（獲）。　三

【備注】

組類：自賓

材質：龜腹甲

尺寸：長一・七、寬二・〇厘米

著録：未見

來源：一九五七年三月十三日滬購

院藏號：新一六〇四三九

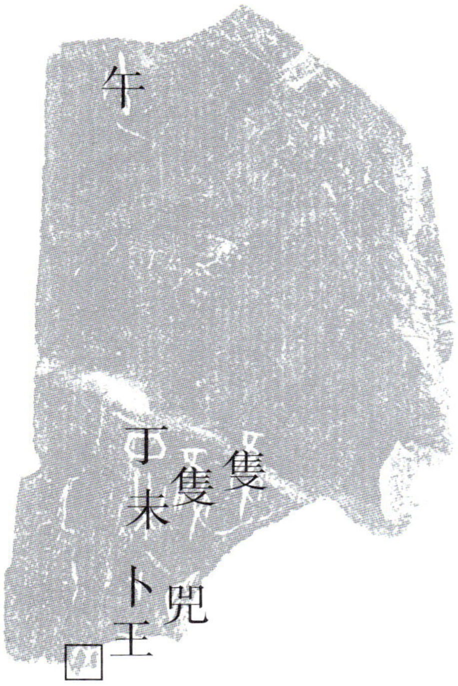

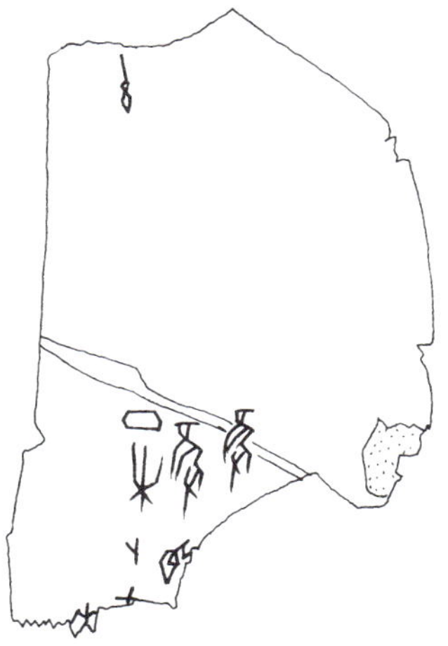

三一　丁未卜王問獲兕等事

本甲正面存辭三條。反面無字。

（一）☐☐☐

（二）丁未卜，［王］：隻（獲）［兕］☐隻（獲）☐

（三）☐午☐

【備注】

組類：𠂤賓

材質：龜腹甲

尺寸：長六・二、寬三・六厘米

著録：《合》一〇四一四

來源：一九五七年三月十三日滬購

院藏號：新一六〇二一七

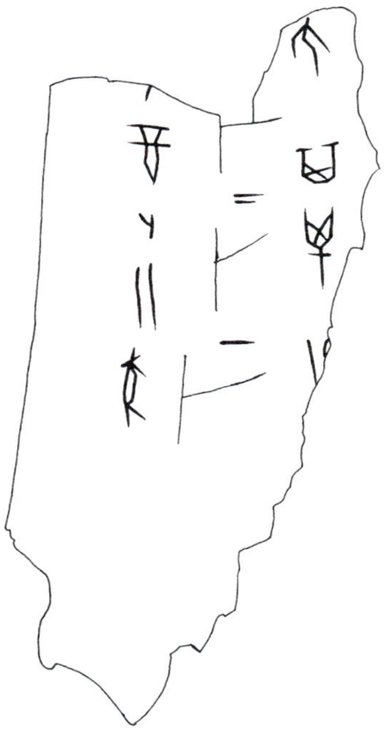

三二　十月乙酉卜‖豕不其擒事

本骨正面存辭一條。反面無字。

（一）［乙］酉卜：‖豕不其𢀛（擒）。十［月］〔一〕。　一　二〔二〕

【簡釋】

〔一〕「十月」爲合文。

〔二〕本骨可綴《山東》一一三三，即《合》一〇二四九。綴合後釋文可補爲「乙酉卜：‖豕不其𢀛（擒）。十［月］。一　二　三」。

【備注】

組類：𠂤賓

材質：牛肩胛骨

尺寸：長九・三、寬四・〇厘米

著録：《合》一〇二四九左下半

來源：一九五七年三月十三日滬購

院藏號：新一六〇五一一

不其𢀛十月
三
一
乙酉卜‖家

三三　某日問獲羌事

本骨正面存辭一條。反面無字。

（一）☒☐隻（獲）羌。　二　三

【備注】

組類：𠂤賓

材質：牛肩胛骨

尺寸：長五・〇、寬四・四厘米

著録：《合》二〇六

來源：一九五七年三月十三日滬購

院藏號：新一六〇四七八

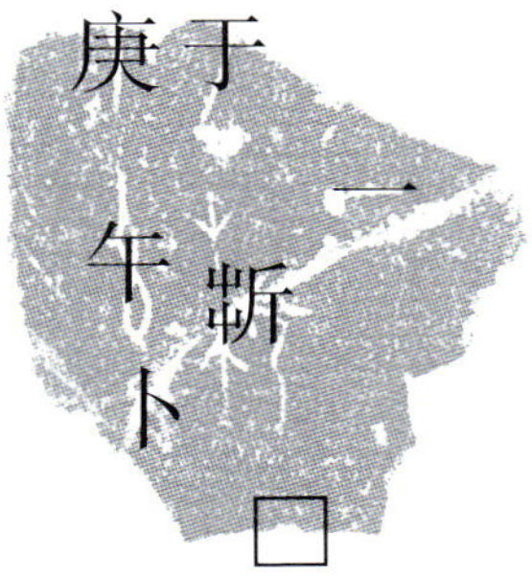

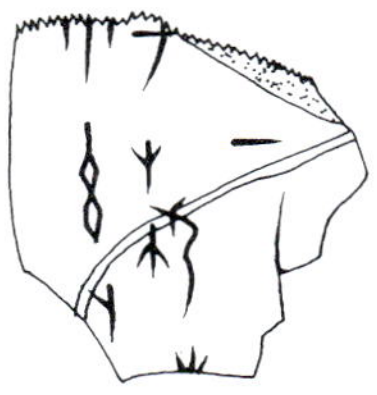

三四　庚午卜于折事

本甲正面存辭一條。反面無字。

（一）［庚］午卜☐［于］斳（折）□☐

一

【備注】

組類：自賓

材質：龜腹甲

尺寸：長二・五、寬二・五厘米

著録：《合》一八四五七

來源：一九五七年三月十三日滬購

院藏號：新一六〇一三八

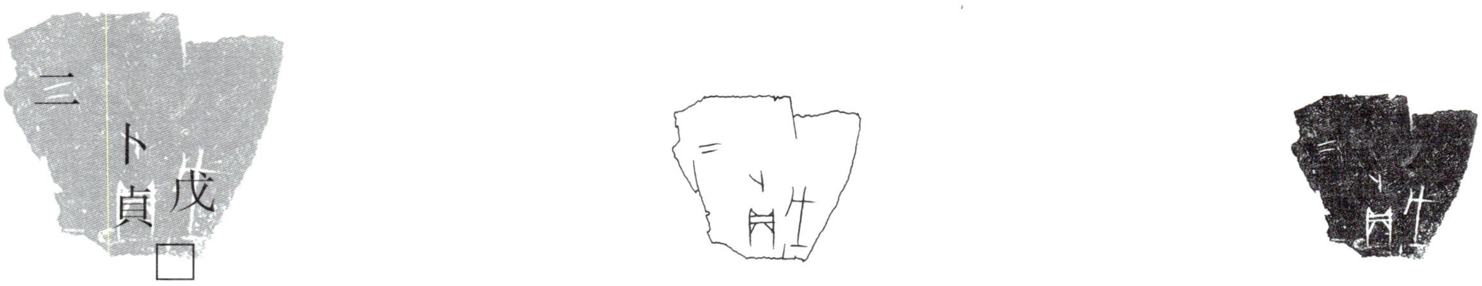

三五　戊日卜貞某事

本甲正面存辭一條。反面無字。

（一）戊□卜，貞☐　二〔一〕

【簡釋】

〔一〕本甲反面黏有一塊殘甲。

【備注】

組類：𠂤賓

材質：龜腹甲

尺寸：長二・三、寬二・四厘米

著録：未見

來源：一九五七年三月十三日滬購

院藏號：新一六〇四八八

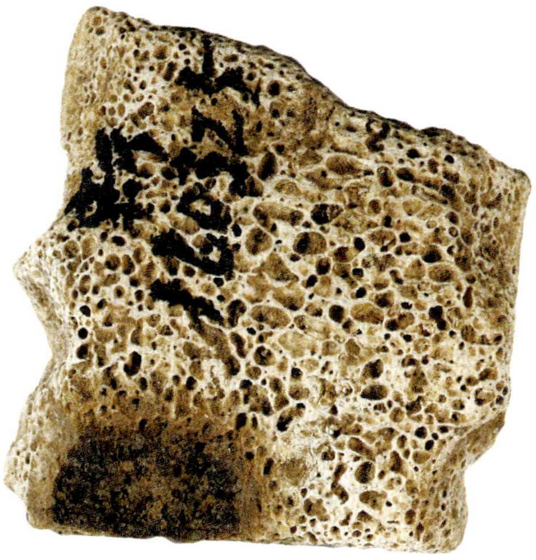

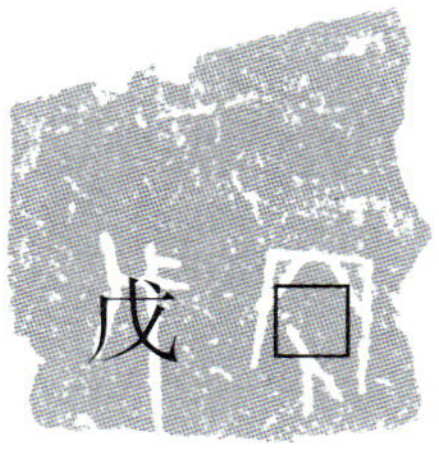

三六　戊日問某事

本甲正面存辭一條。反面無字。

（一）戊⧄□〔一〕⧄

【簡釋】

〔一〕「[illegible]」疑爲「更」字殘筆。

【備注】

組類：自賓

材質：龜腹甲

尺寸：長二·〇、寬一·九厘米

著録：《謝》三八九

來源：一九五七年三月十三日滬購

院藏號：新一六〇三二五

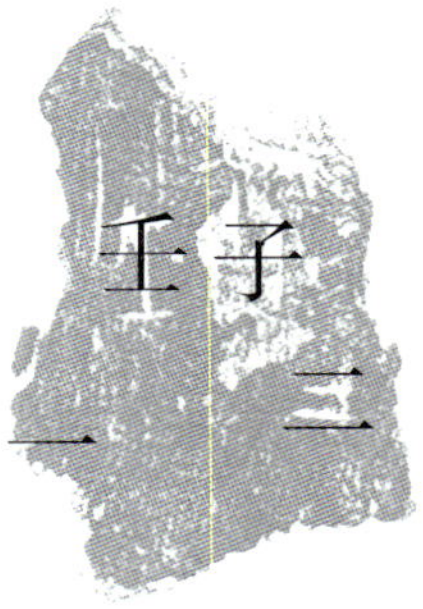

三七　壬子問某事

本骨正面存辭一條。反面無字。

（一）壬子〼［二］二

【備注】

組類：𠂤賓

材質：牛肩胛骨

尺寸：長二・八、寬一・七厘米

著録：未見

來源：一九五七年三月十三日滬購

院藏號：新一六〇二一八

三八　二不吿其等字殘辭

本甲正面存辭二條。反面存辭一條。

〔正面〕

（一）二

（二）不吿〔一〕

〔反面〕

（一）☑其☑

【簡釋】

〔一〕本甲正面字口填墨。

【備注】

組類：自賓

材質：龜腹甲

尺寸：長一・七、寬一・七厘米

著録：未見

來源：一九五七年三月十三日滬購

院藏號：新一六〇三二六

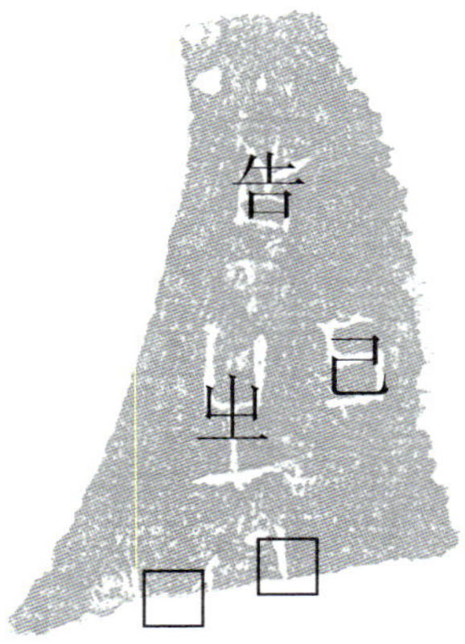

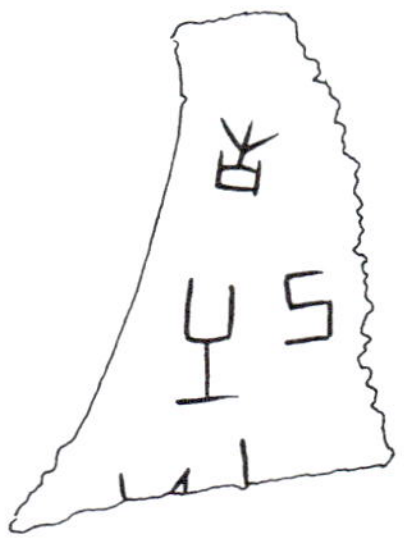

三九　己㞢告等字殘辭

本甲正面存辭二條。反面無字。

（一）己☒㞢□☒□☒

（二）告〔一〕

【簡釋】

〔一〕本甲字體不甚規整，或疑爲習刻。

【備注】

組類：𠂤賓

材質：龜腹甲

尺寸：長三・六、寬二・八厘米

著録：未見

來源：一九五七年三月十三日滬購

院藏號：新一六〇一四二

四〇　乙未丙申丁酉等日卜𢓊不止等事

本骨正面存辭三條。反面無字。

（一）乙未☐丙午𢓊☐

（二）丙申卜：𢓊不止。

（三）[丁]酉卜：𢓊不止。

【備注】

組類：自歷

材質：牛肩胛骨

尺寸：長八・六、寬一・七厘米

著録：《京》四三二三、《謝》五一四、《合》二〇五一七、《合》三三一九九

來源：一九五七年三月十三日滬購

院藏號：新一六〇五〇〇

丁酉卜徆不止
丙申卜徆不止
乙未卜丙午徆

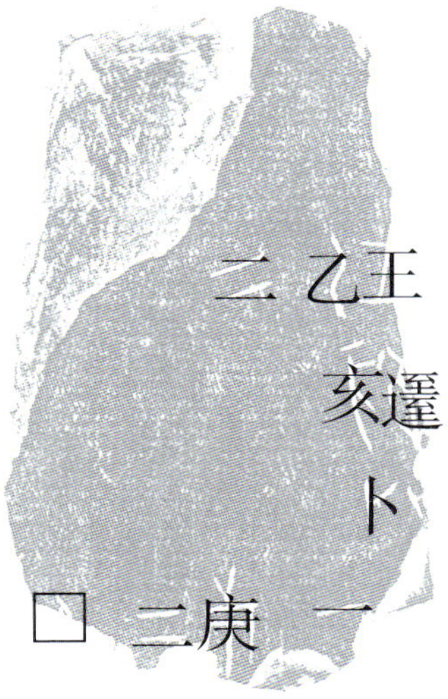

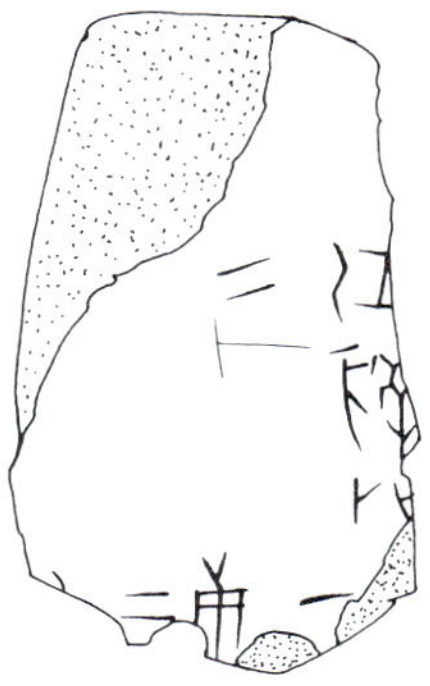

四一　乙亥卜王遷等事

本骨正面存辭二條。反面無字。

（一）乙亥卜：［王遷］☐　一　二

（二）庚☐二☐☐☐

【備注】

組類：自歷

材質：牛肩胛骨

尺寸：長四・六、寬三・二厘米

著録：《謝》一九二

來源：一九五七年三月十三日滬購

院藏號：新一六〇二五八

四二　某日問糸禦與癸亥問勿虫等事

本甲正面存辭二條。反面無字。

（一）☐糸〔一〕钔（禦）☐

（二）癸亥☐弜（勿）〔虫〕☐

【簡釋】

〔一〕「糸」或比定作「索」字。

【備注】

組類：賓組

材質：龜腹甲

尺寸：長一・九、寬一・五厘米

著録：《合》一五一一二

來源：一九五七年三月十三日滬購

院藏號：新一六〇三八四

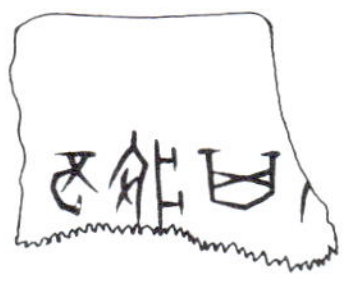

四三　某日問其疫亮事

本甲正面存辭一條。反面無字。

（一）〼□〼其〼疫〼亮。

【備注】

組類：賓組

材質：龜腹甲

尺寸：長一・八、寬二・二厘米

著録：《合》一三八六三

來源：一九五七年三月十三日滬購

院藏號：新一六〇〇四一

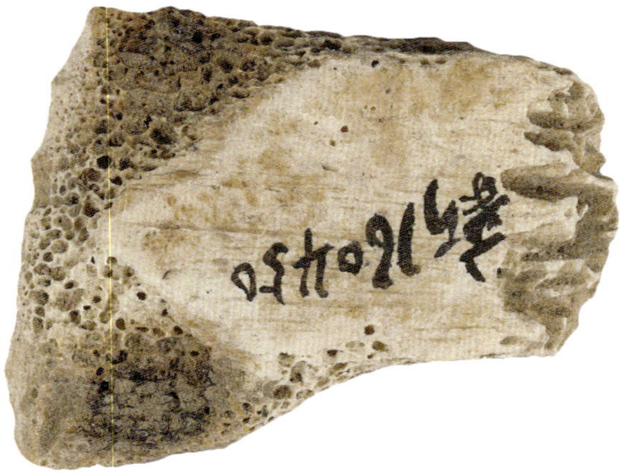

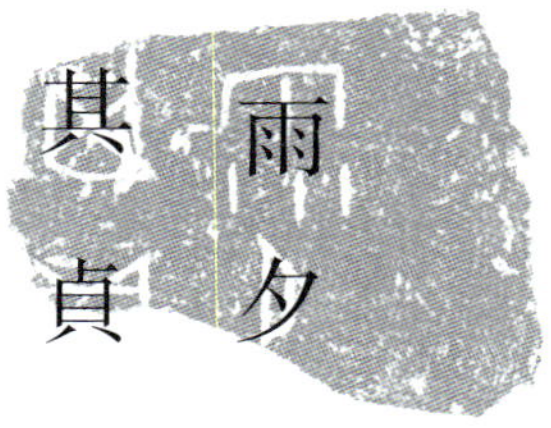

四四　某日貞夕與其雨等事

本甲正面存辭二條。反面無字。

（一）［貞］☐夕☐

（二）［其］雨。

【備注】

組類：賓組

材質：龜腹甲

尺寸：長一・九、寬二・三厘米

著録：《謝》一六一

來源：一九五七年三月十三日滬購

院藏號：新一六〇四五〇

四五　某日問[illegible]蕣事

本甲正面存辭一條。反面無字。

（一）　〼[illegible]〼蕣〼

【備注】

組類：賓組

材質：龜腹甲

尺寸：長一·九、寬二·〇厘米

著録：《謝》三六二、《合》四九四〇

來源：一九五七年三月十三日滬購

院藏號：新一六〇一七三

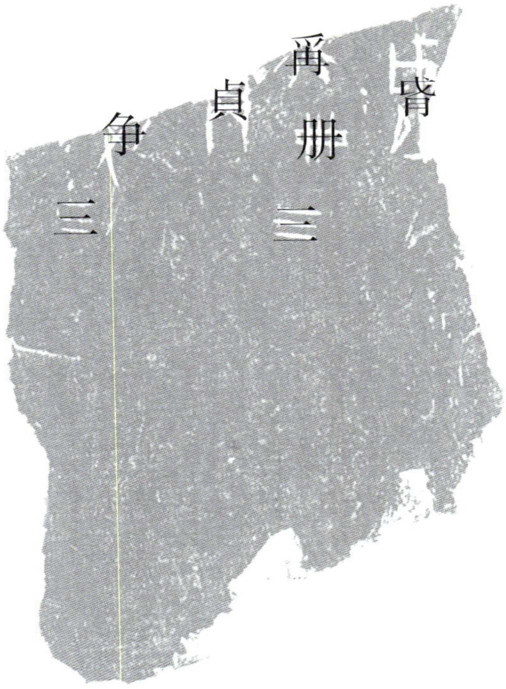

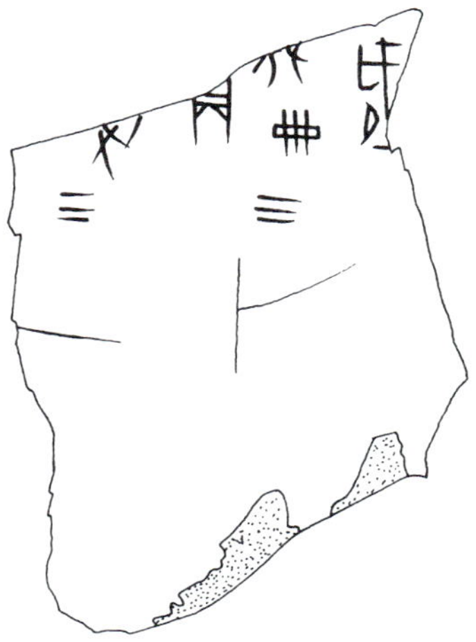

四六　某日貞稱册歲等事

本骨正面存辭二條。反面無字。

（一）☐［貞］☐［爯（稱）］册☐肯（歲）［一］。　三

（二）☐［争］☐　三

【簡釋】

［一］「肯」或讀作「辭」，訓爲相、助。

【備注】

組類：賓組

材質：牛肩胛骨

尺寸：長五・七、寬四・一厘米

著録：《合》七四〇九

來源：一九五七年三月十三日滬購

院藏號：新一六〇二五六

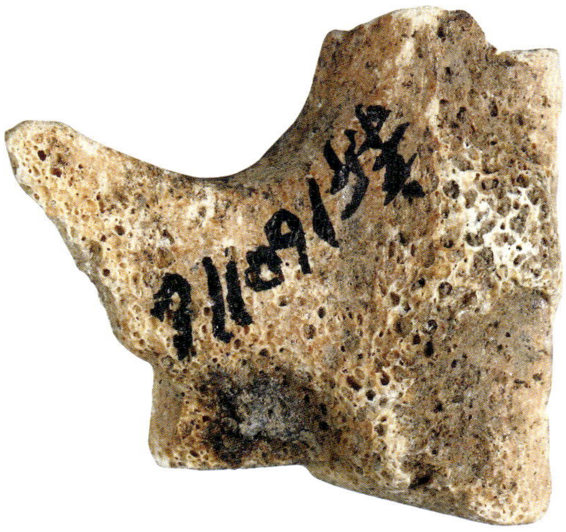

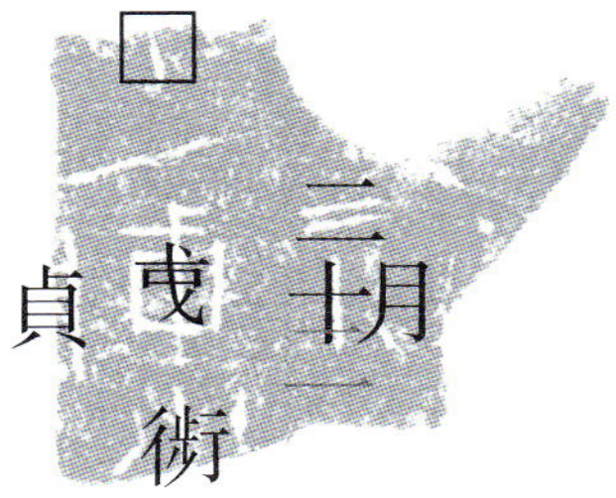

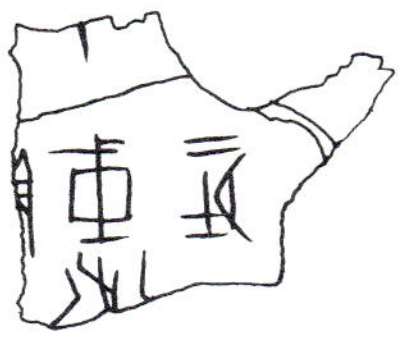

四七　十二月某日貞戎衛等事

本甲正面存辭二條，有界劃綫。反面無字。

（一）☐[貞]☐戋(戎)[衛]☐十二月〔一〕。

二〔二〕

（二）☐☐☐

【簡釋】

〔一〕「十二月」爲合文。

〔二〕兆序「二」疊壓在「十二月」之「十」字下。

【備注】

組類：賓組

材質：龜腹甲

尺寸：長二・二、寬二・三厘米

著録：《京》一三七三、《謝》一七六、《合》六八八八九

來源：一九五七年三月十三日滬購

院藏號：新一六〇一一六

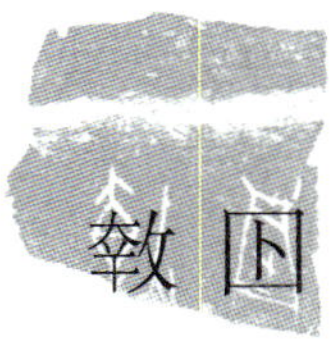

四八　某日問敎⿴囗卜事

本甲正面存辭一條。反面無字。

（一）　〼［敎］〼⿴囗卜〼

【備注】

組類：賓組

材質：龜腹甲

尺寸：長一・五、寬一・五厘米

著録：《謝》二六六

來源：一九五七年三月十三日滬購

院藏號：新一六〇三八六

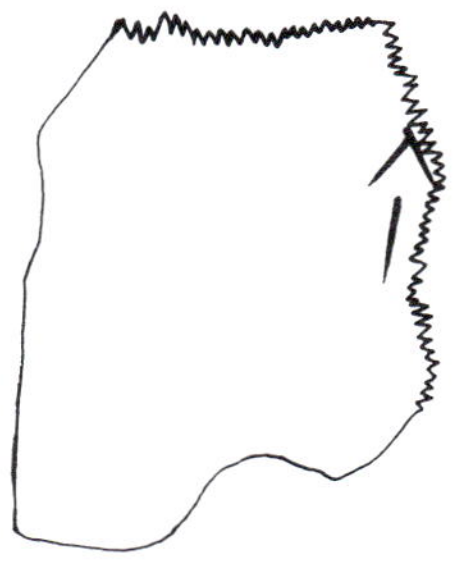

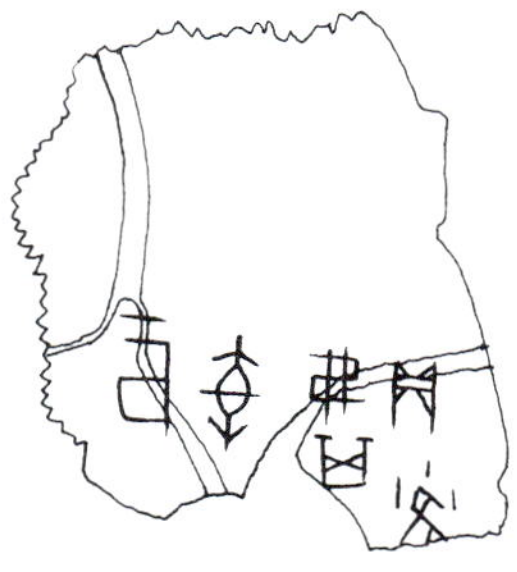

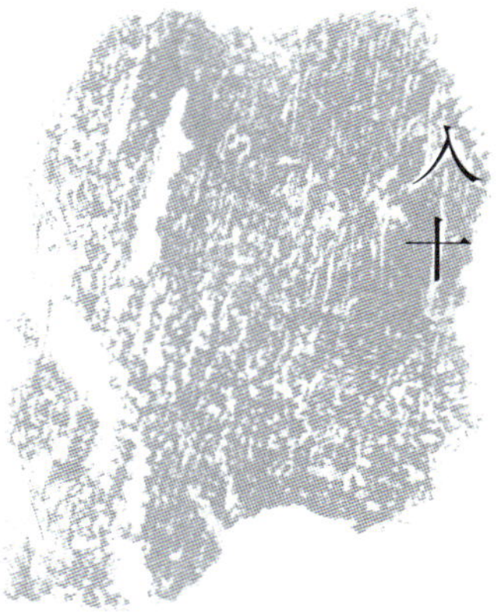

四九　某日貞雀弗其執亘事與入十甲橋刻辭

本甲正反面各存辭一條。

〔正面〕

（一）貞：[雀]弗其卒（執）亘。

〔反面〕

（一）☐入十。

【備注】

組類：賓組

材質：龜腹甲

尺寸：長三・七、寬二・九厘米

著録：〔正〕《京》一三二四、《謝》六一、《合》六九五三

來源：一九五七年三月十三日滬購

院藏號：新一六〇四七九

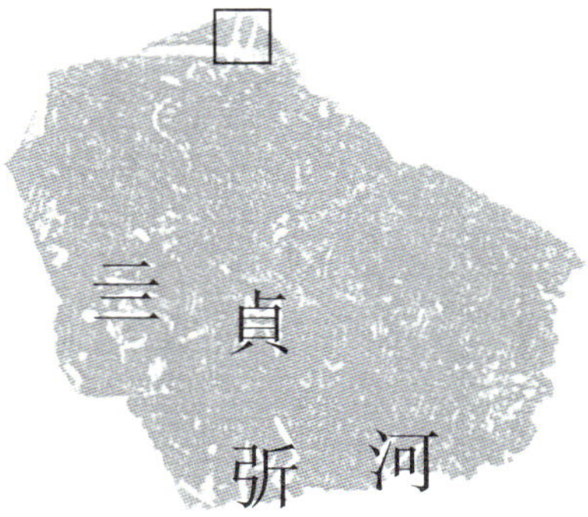

五〇　某日貞弜河等事

本甲正面存辭二條。反面無字。

（一）　貞：［弜］〔一〕☐河☐　三（四）

（二）　☐☐☐

【備注】

組類：賓組

材質：龜腹甲

尺寸：長三・〇、寬三・五厘米

著録：《謝》六八

來源：一九五七年三月十三日滬購

院藏號：新一六〇二二三

五一　某日争問獲事

本甲正面存辭一條。反面無字。

（一）〼争〼隻（獲）〼　一

【備注】

組類：賓組

材質：龜腹甲

尺寸：長二・〇、寬一・八厘米

著録：未見

來源：一九五七年三月十三日滬購

院藏號：新一六〇一五七

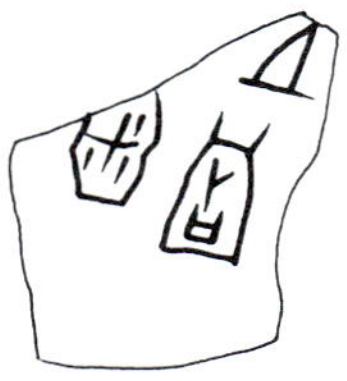

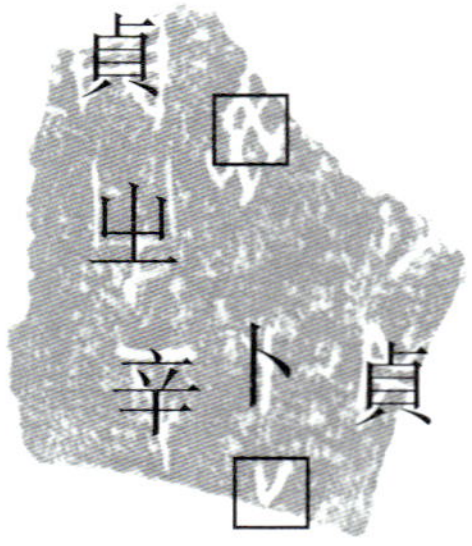

五二一　辛日卜貞等事

本甲正面存辭二條。反面存辭一條。

〔正面〕

（一）辛☐卜，□［貞］☐

（二）☐貞：㞢☐□☐

〔反面〕

（一）☐［王］固（占）☐［鹵］☐

【備注】

組類：賓組

材質：龜腹甲

尺寸：長二・五、寬二・二厘米

著録：《謝》一七八

來源：一九五七年三月十三日滬購

院藏號：新一六〇四六〇

五三　申日卜貞弗某事

本甲正面存辭一條。反面無字。

（一）☐［申］卜，貞☐弗☐　三告

【備注】

組類：賓組

材質：龜腹甲

尺寸：長三・二、寬一・八厘米

著録：《謝》二三〇

來源：一九五七年三月十三日滬購

院藏號：新一六〇一〇七

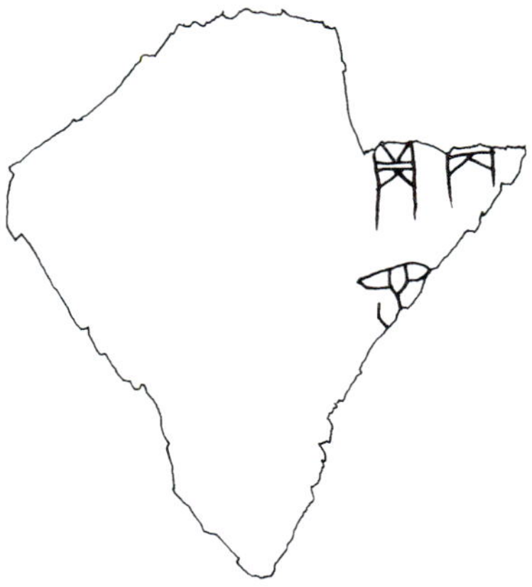

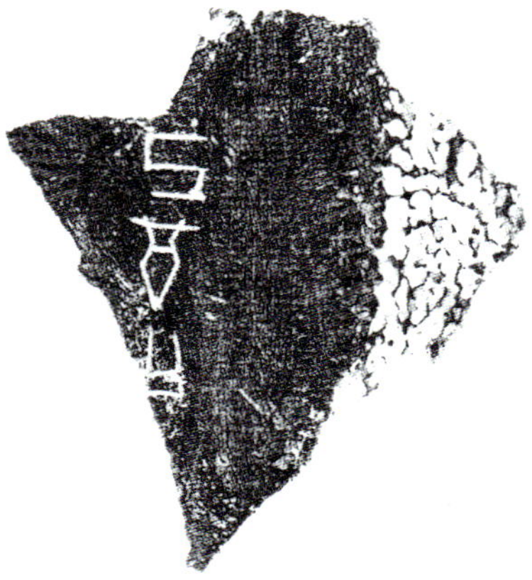

五四　某日貞咼與己酉用等事

本骨正面存辭二條。反面存辭一條。

〔正面〕

（一）☐[貞]☐

（二）☐貞：[咼]☐

〔反面〕

（一）己酉[用]☐

【備注】

組類：賓組

材質：牛肩胛骨

尺寸：長五・五、寬五・〇厘米

著録：未見

來源：一九五七年三月十三日滬購

院藏號：新一六〇二一〇

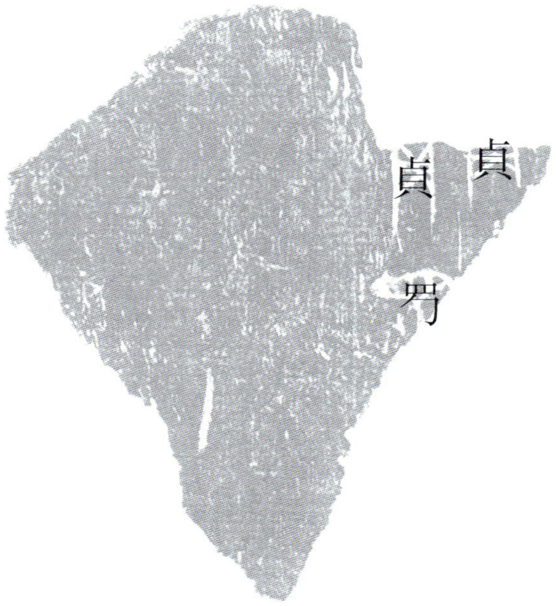
貞
貞
冎

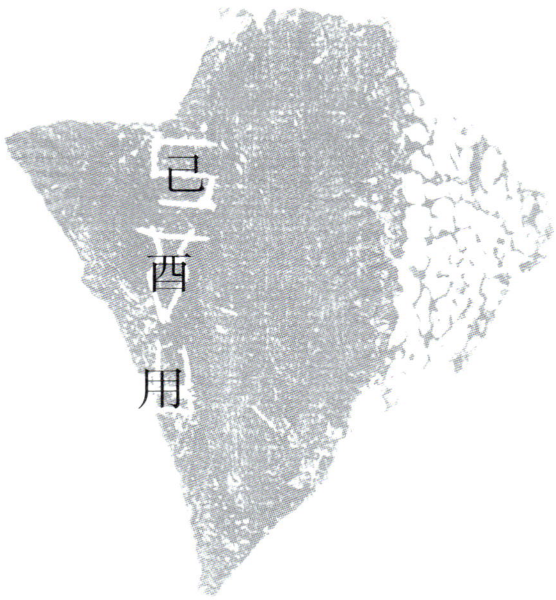
己
酉
用

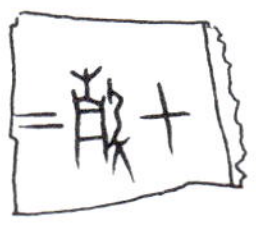

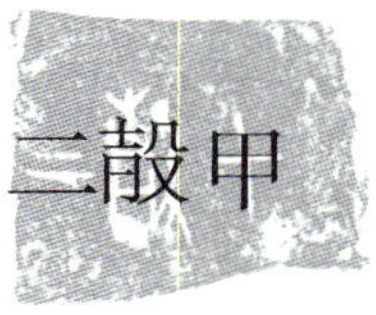

五五　甲日㱿問某事

本甲正面存辭一條。反面無字。

（一）　甲☐㱿☐　二

【備注】

組類：賓組

材質：龜腹甲

尺寸：長一・四、寬一・七厘米

著録：《謝》一七五

來源：一九五七年三月十三日滬購

院藏號：一六〇一六六

五六　壬午卜殻問某事

本甲正面存辭一條。反面無字。

（一）壬午［卜］，殻：［若］☐

【備注】

組類：賓組

材質：龜甲

尺寸：長一・七、寬〇・九厘米

著録：《謝》二二一

來源：一九五七年三月十三日滬購

院藏號：新一六〇四一〇

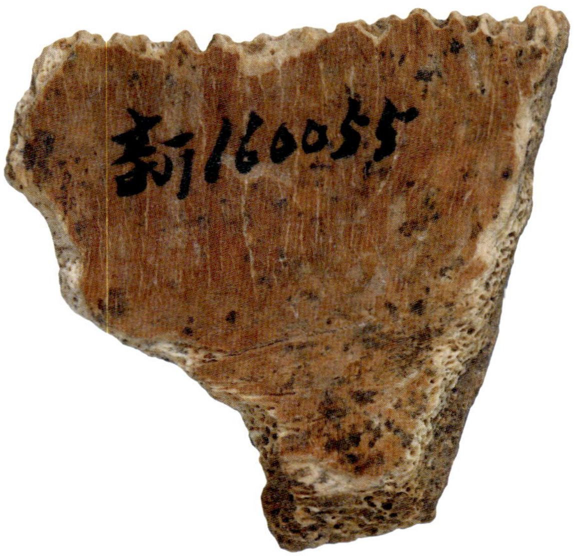

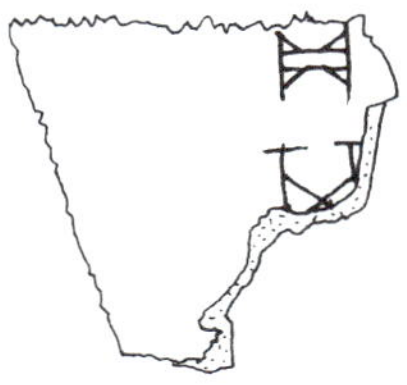

五七　某日貞某事

本甲正面存辭一條。反面無字。

（一）〼貞：[其]〼[一]

【簡釋】

[一]本甲字口填墨。

【備注】

組類：賓組

材質：龜腹甲

尺寸：長二・五、寬二・五厘米

著録：未見

來源：一九五七年三月十三日滬購

院藏號：新一六〇〇五五

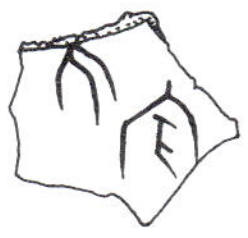

五八　某日穷問某事

本甲正面存辭一條。反面無字。

（一）☐穷☐不☐

【備注】

組類：賓組

材質：龜腹甲

尺寸：長一・五、寬一・七厘米

著録：未見

來源：一九五七年三月十三日滬購

院藏號：新一六〇〇七二

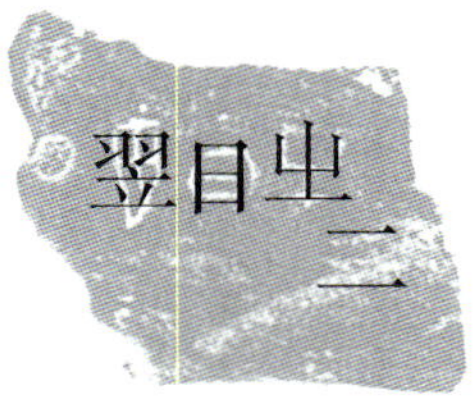

五九　某日問翌日㞢事

本甲正面存辭一條。反面無字。

（一）☑翌日㞢☑　二

【備注】

組類：賓組

材質：龜腹甲

尺寸：長一・八、寬一・三厘米

著録：未見

來源：一九五七年三月十三日滬購

院藏號：新一六〇四一四

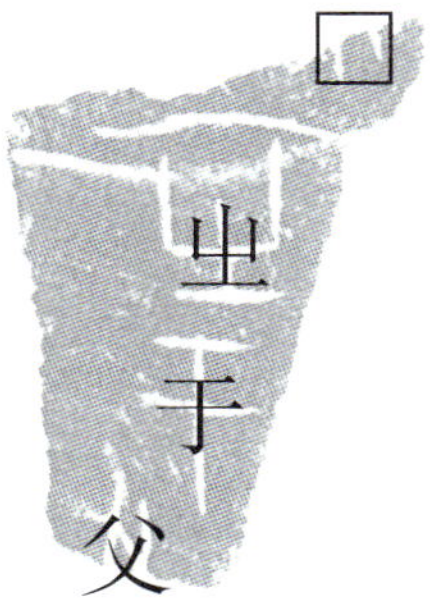

六〇　某日問侑于父某等事

本甲正面存辭二條，有界劃綫。反面無字。

（一）☒㞢(侑)于[父]☒

（二）☒□☒

【備注】

組類：賓組

材質：龜腹甲

尺寸：長二·六、寬一·五厘米

著録：《謝》一三八

來源：一九五七年三月十三日滬購

院藏號：新一六〇一八六

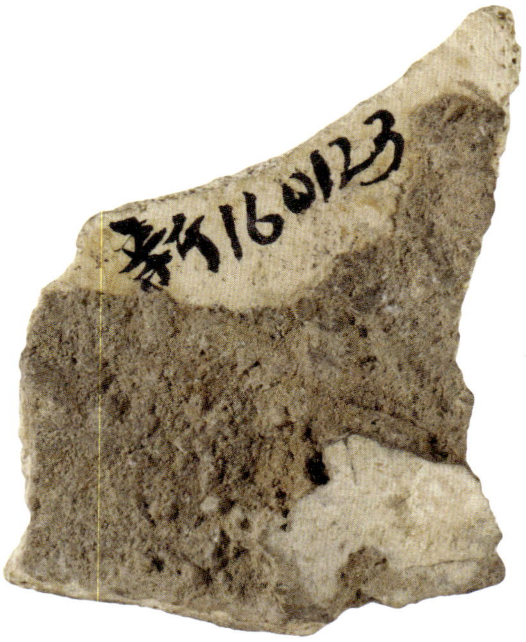

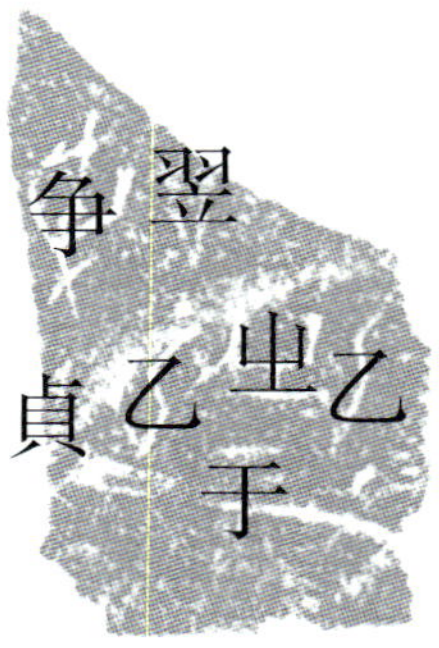

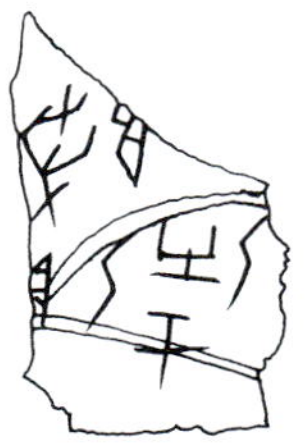

六一　某日争貞翌乙侑于某乙事

本甲正面存辭一條。反面無字。

（一）☐争［貞］：［翌］乙☐虫（侑）于☐乙☐〔一〕

【簡釋】

〔一〕本甲反面黏有一塊殘甲。

【備注】

組類：賓組

材質：龜腹甲

尺寸：長二・九、寬一・八厘米

著録：《謝》三六〇

來源：一九五七年三月十三日滬購

院藏號：新一六〇一二三

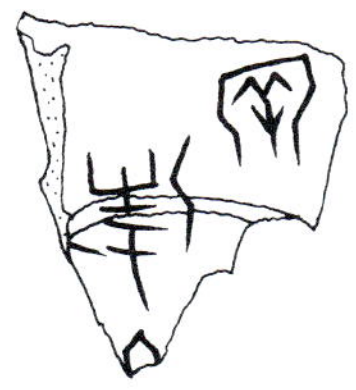

六二一　某日問侑于祖乙用宰事

本甲正面存辭一條。反面無字。

（一）☐㞢（侑）于［且（祖）］乙宰。

【備注】

組類：賓組

材質：龜腹甲

尺寸：長二・五、寬二・二厘米

著録：《京》六八〇、《謝》三七六、《合》一五一九

來源：一九五七年三月十三日滬購

院藏號：新一六〇〇三三

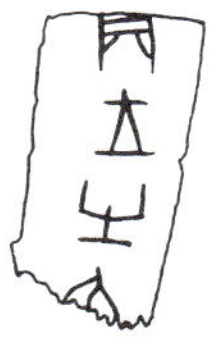
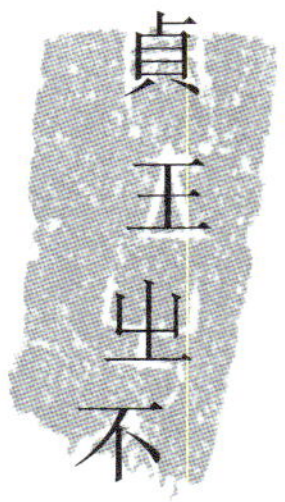

六三　某日貞王侑某事

本甲正面存辭一條。反面無字。

（一）　〼［貞］：王㞢（侑）［不］〼

【備注】

組類：賓組
材質：龜腹甲
尺寸：長二・二、寬一・〇厘米
著録：《謝》二三二
來源：一九五七年三月十三日滬購
院藏號：新一六〇一九三

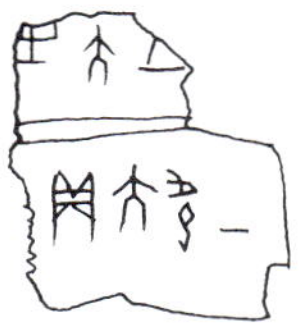

六四　某日貞大某壱等事

本甲正面存辭二條。反面無字。

（一）☐貞☐大☐壱〔一〕☐　一

（二）☐㞢(侑)☐大☐□☐

【簡釋】

〔一〕「壱」或比定作「蚩」字，讀作「害」。

【備注】

組類：賓組

材質：龜腹甲

尺寸：長二・三、寬二・〇厘米

著録：《京》一一五〇、《謝》二二四、《合補》五〇〇一

來源：一九五七年三月十三日滬購

院藏號：新一六〇三五九

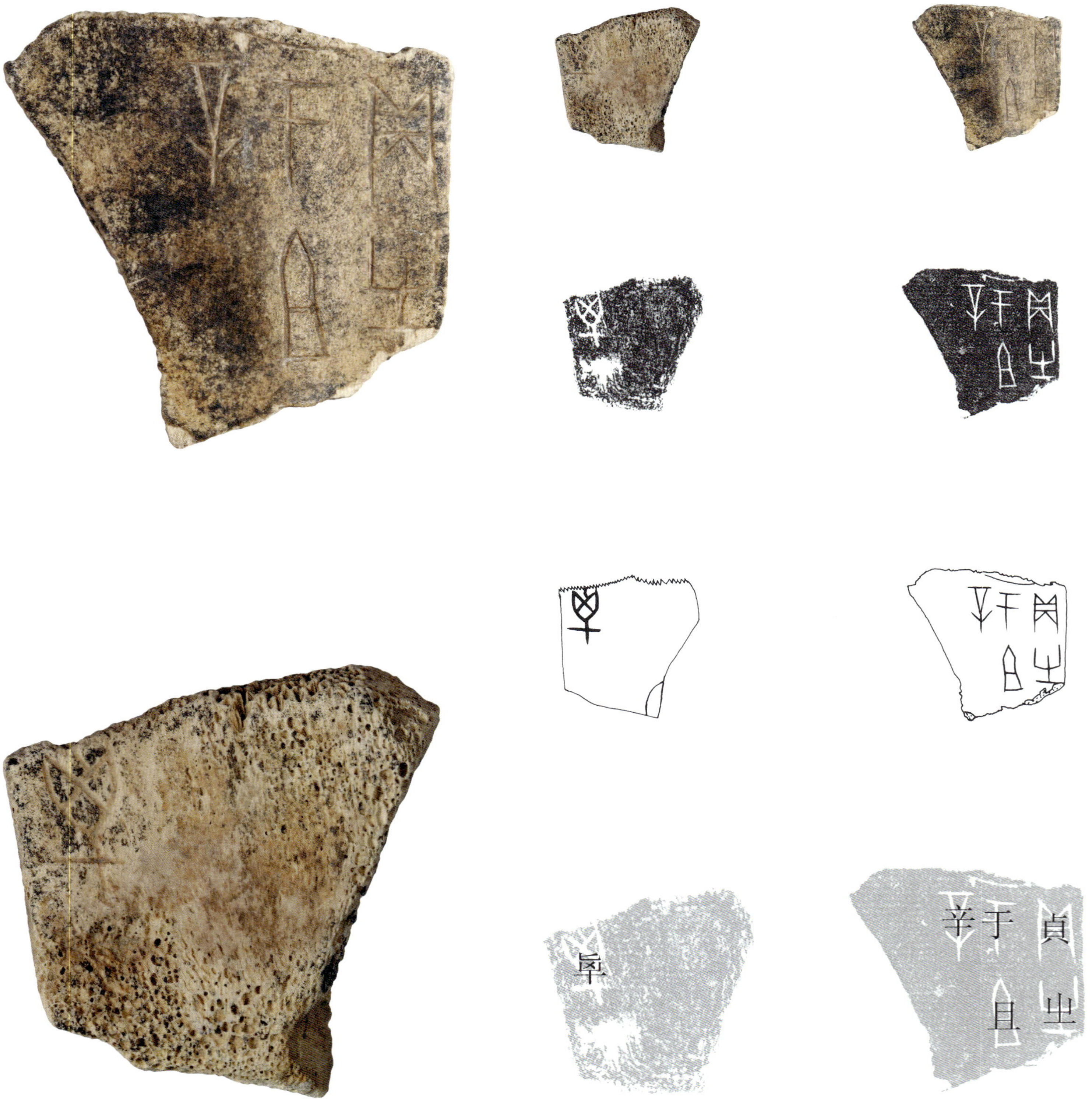

六五　某日貞侑于祖辛等事

本甲正面存辭一條，有界劃綫。反面存辭一條。

〔正面〕

（一）☐貞：屮(侑)于且(祖)辛。

〔反面〕

（一）☐［皁］☐

【備注】

組類：賓組

材質：龜腹甲

尺寸：長二·七、寬二·八厘米

著録：〔正〕《京》七〇五、《謝》七〇；〔正反〕《合》一六八七

來源：一九五七年三月十三日滬購

院藏號：新一六〇〇九二

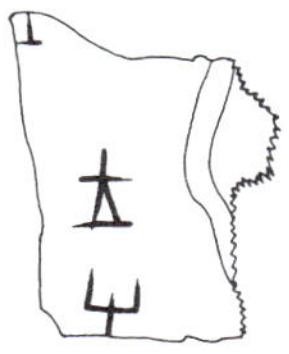
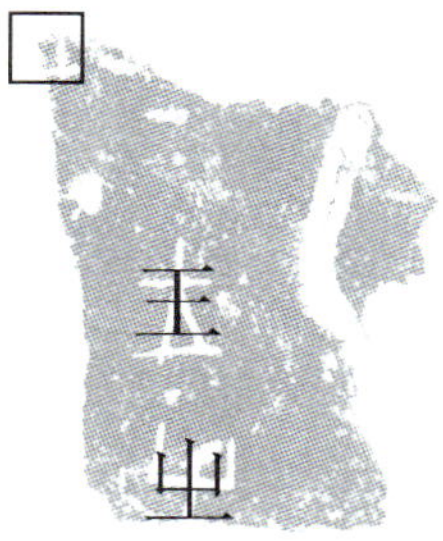

六六　某日問王侑某事

本甲正面存辭二條。反面無字。

（一）☐王㞢(侑)☐

（二）☐☐☐

【備注】

組類：賓組

材質：龜腹甲

尺寸：長二・三、寬一・七厘米

著録：未見

來源：一九五七年三月十三日滬購

院藏號：新一六〇三九三

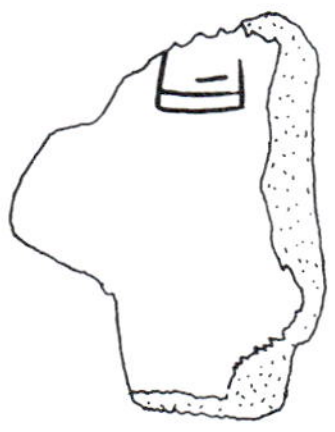

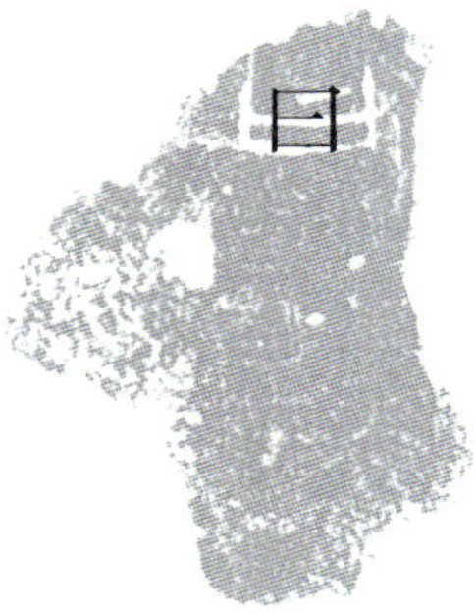

六七　某日貞侑多某卯等事

本甲正面存辭二條，有界劃綫。反面存辭一條。

〔正面〕

（一）貞：［㞢（侑）］☐［多］☐［卯］☐

（二）☐㝵☐

〔反面〕

（一）☐曰☐

【備注】

組類：賓組

材質：龜腹甲

尺寸：長二・八、寬二・二厘米

著録：《謝》二三七

來源：一九五七年三月十三日滬購

院藏號：新一六〇一〇三

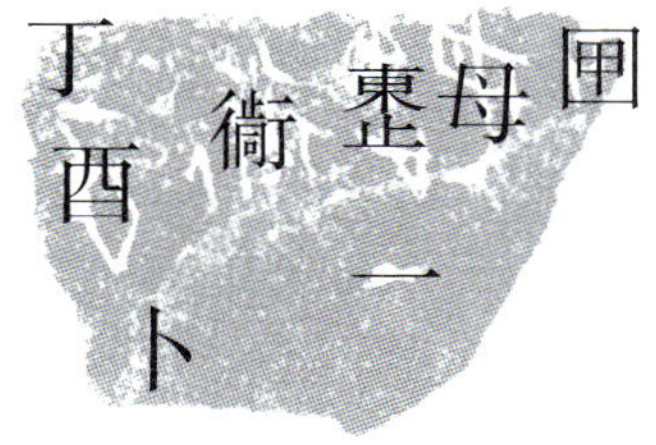

六八　丁酉卜衛速母與上甲事

本甲正面存辭一條。反面無字。

（一）［丁］酉卜☐衛☐叀（速）☐母☐［囲（上甲）］〔一〕☐　一

【簡釋】

〔一〕「囲」爲「上甲」合文。

【備注】

組類：賓組

材質：龜腹甲

尺寸：長二·〇、寬二·九厘米

著録：《合》一八六九八

來源：一九五七年三月十三日滬購

院藏號：新一六〇一六一

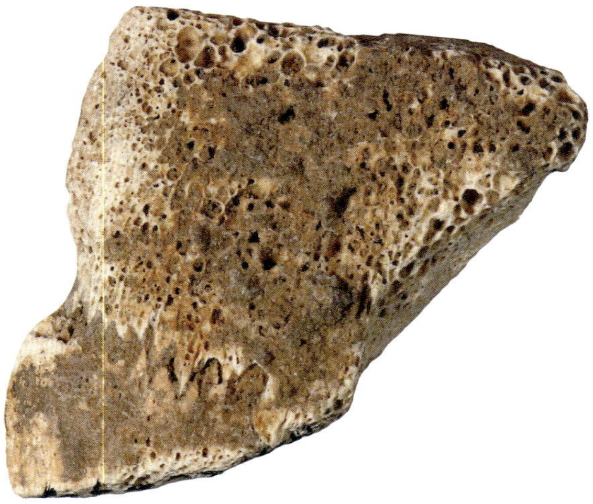

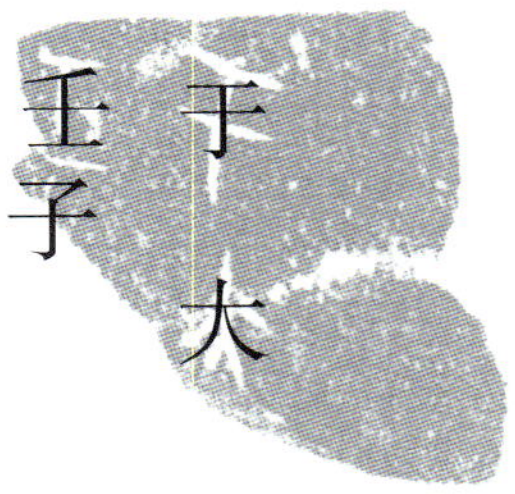

六九　壬子問于大某事

本甲正面存辭一條。反面無字。

（一）壬［子］☐于大☐

【備注】

組類：賓組

材質：龜腹甲

尺寸：長二・二、寬二・四厘米

著録：《謝》二八八

來源：一九五七年三月十三日滬購

院藏號：新一六〇〇九四

七〇　卯日卜王問九示事

本甲正面存辭一條。反面無字。

（一）　☐卯卜，王☐九示。〔一〕

【簡釋】

〔一〕本甲字口填墨。

【備注】

組類：賓組

材質：龜腹甲

尺寸：長二・六、寬二・〇厘米

著録：《合》一四八七八

來源：一九五七年三月十三日滬購

院藏號：新一六〇二九〇

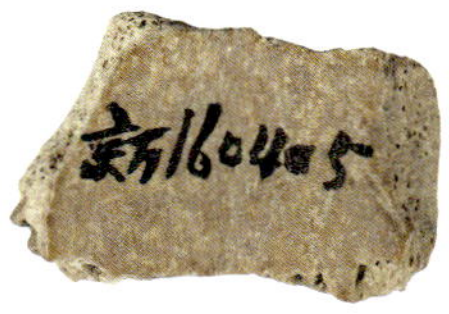

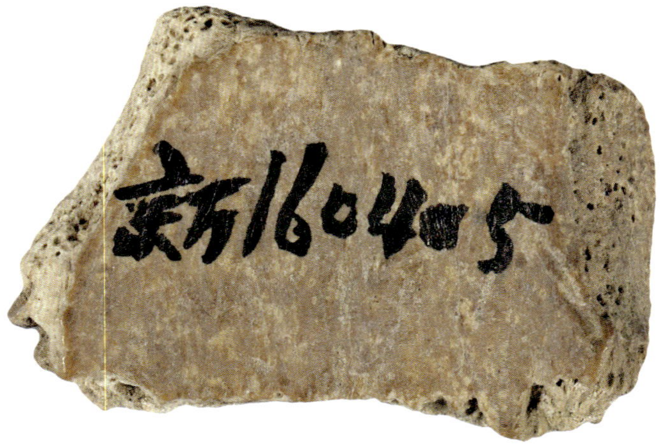

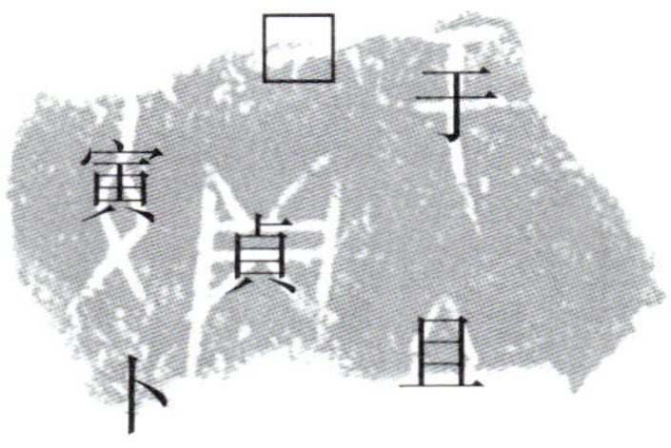

七一　寅日卜某貞于祖某事

本甲正面存辭一條。反面無字。

（一）☐［寅卜］，□貞☐于［且（祖）］☐

【備注】

組類：賓組

材質：龜腹甲

尺寸：長二・〇、寬一・三厘米

著録：未見

來源：一九五七年三月十三日滬購

院藏號：新一六〇四〇五

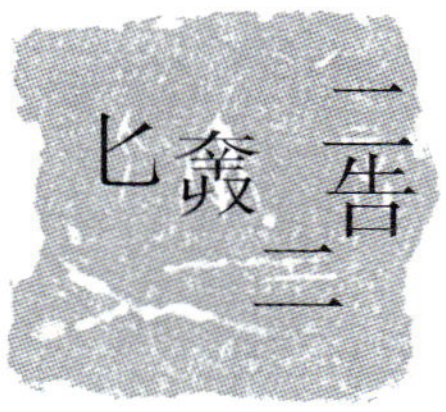

七二　某日問妣某姦事

本甲正面存辭一條。反面無字。

（一）　二

（二）　☐匕（妣）☐姦（梏）〔一〕☐　二告

【簡釋】

〔一〕「姦」或釋爲「擇」。

【備注】

組類：賓組

材質：龜腹甲

尺寸：長一・八、寬一・九厘米

著録：《京》二六〇一、《謝》二四九、《合》五九一五

來源：一九五七年三月十三日滬購

院藏號：新一六〇一一八

七三　己未問禦于妣某事

本甲正面存辭一條。反面無字。

（一）　己未[一]☐[卸（禦）]于匕（妣）☐

【簡釋】

[一]「未」字缺筆。

【備注】

組類：賓組

材質：龜腹甲

尺寸：長四・〇、寬一・七厘米

著録：《京》七九四、《謝》一四二、《合補》二四六

來源：一九五七年三月十三日滬購

院藏號：新一六〇〇七一

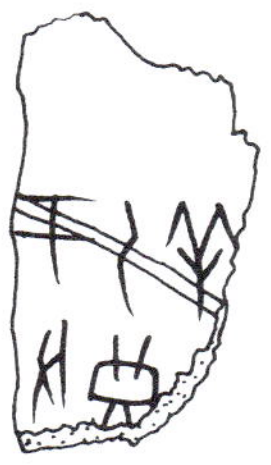

七四　某日問于父乙𠙵羊事

本甲正面存辭一條。反面無字。

（一）☐于父乙［𠙵］〔一〕羊☐

【簡釋】

〔一〕「𠙵」或比定爲「皿」字，讀作「衁」，表示一種用牲法。

【備注】

組類：賓組

材質：龜腹甲

尺寸：長三・〇、寬一・六厘米

著録：《京》七六九、《謝》六五、《合》二二二六

來源：一九五七年三月十三日滬購

院藏號：新一六〇〇三二

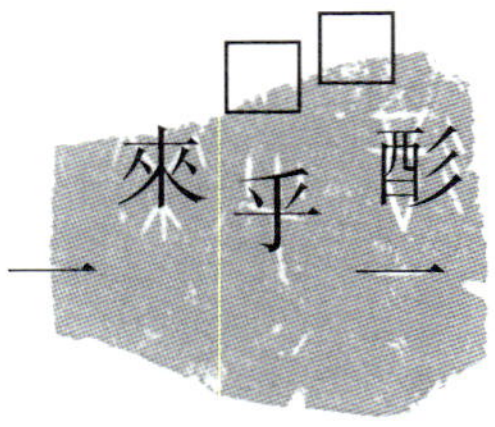

七五　某日問酌等事

本甲正面存辭二條。反面無字。

（一）□［來］□□乎（呼）□□酌□　一

（二）一

【備注】

組類：賓組

材質：龜腹甲

尺寸：長一・七、寬一・九厘米

著録：《謝》二六四

來源：一九五七年三月十三日滬購

院藏號：新一六〇二三三

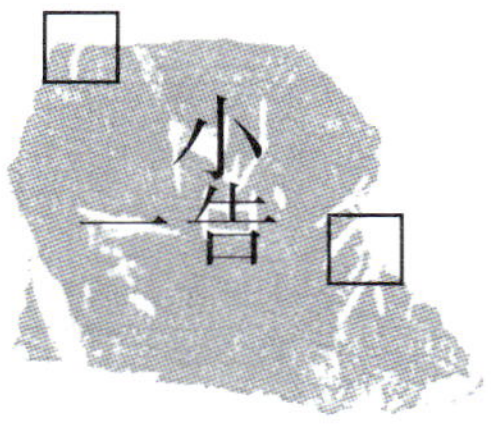

七六　小告一等字殘辭

本甲正面存辭二條。反面無字。

（一）〼□〼　小告

（二）〼□〼　一

【備注】

組類：賓組

材質：龜腹甲

尺寸：長一・八、寬二・四厘米

著録：未見

來源：一九五七年三月十三日滬購

院藏號：新一六〇二三四

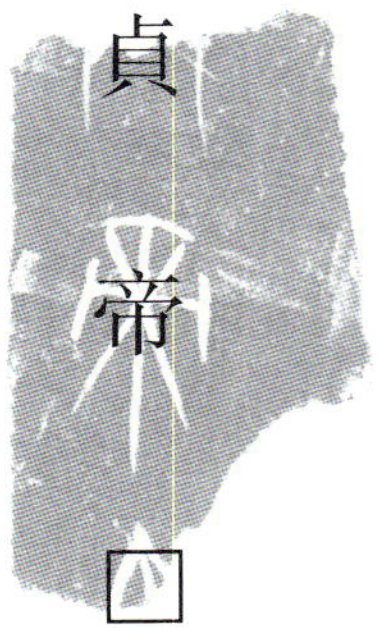

七七　某日貞禘事

本甲正面存辭一條。反面無字。

（一）　〼［貞］：帝（禘）□〼

【備注】

組類：賓組

材質：龜腹甲

尺寸：長二・八、寬一・六厘米

著録：《續存》上四八八、《謝》二九三、《合》一四二三六

來源：一九五七年三月十三日滬購

院藏號：新一六〇三二三

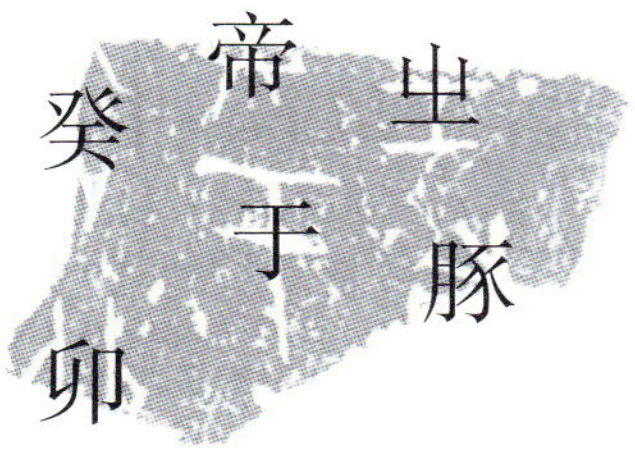

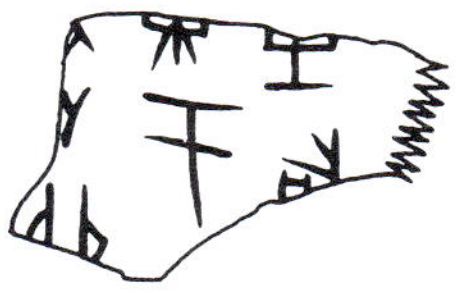

七八　癸卯問禘于某侑豚事

本甲正面存辭一條。反面無字。

（一）［癸卯］☐［帝（禘）于］☐㞢（侑）［豚］☐

【備注】

組類：賓組
材質：龜腹甲
尺寸：長一・九、寬一・三厘米
著録：未見
來源：一九五七年三月十三日滬購
院藏號：新一六〇四〇〇

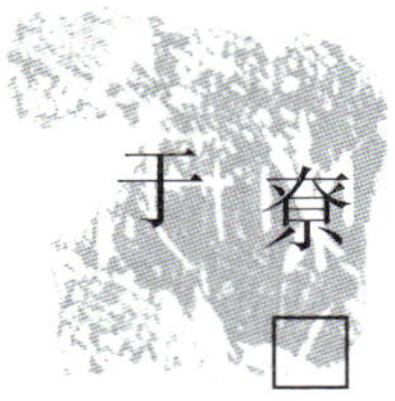

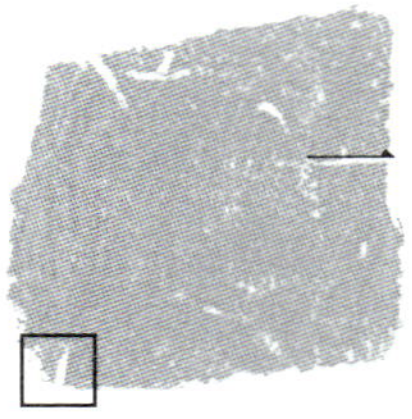

七九　某日問燎等事

本甲正反面各存辭一條。

〔正面〕

（一）☒□☒　一〔一〕

〔反面〕

（一）☒尞（燎）□于☒

【簡釋】

〔一〕本甲正面字口填墨。

【備注】

組類：賓組

材質：龜腹甲

尺寸：長一·八、寬一·五厘米

著録：未見

來源：一九五七年三月十三日滬購

院藏號：新一六〇四〇一

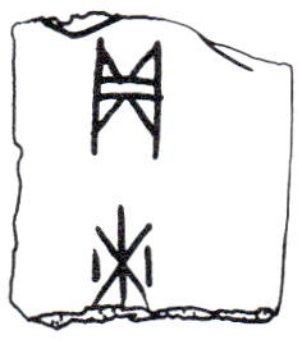

八〇　某日貞燎事

本骨正面存辭一條，有界劃綫。反面無字。

（一）　貞：寮（燎）☐〔一〕

【簡釋】

〔一〕本骨字口填墨。

【備注】

組類：賓組

材質：牛肩胛骨

尺寸：長二·二、寬一·七厘米

著録：《京》九〇七、《謝》一三三

來源：一九五七年三月十三日滬購

院藏號：新一六〇〇六一

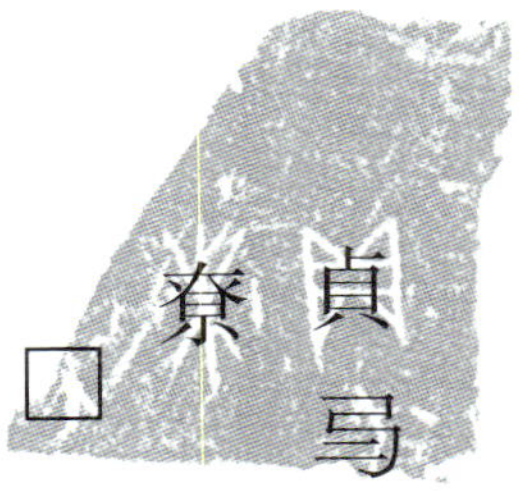

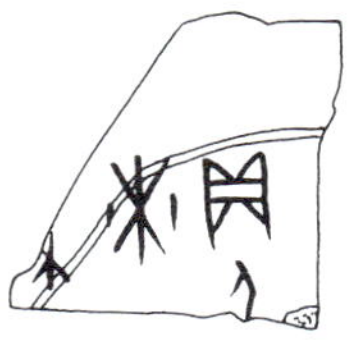

八一　某日貞勿燎事

本甲正面存辭一條。反面無字。

（一）貞：［弓（勿）］☐尞（燎）☐□☐

【備注】

組類：賓組

材質：龜腹甲

尺寸：長二・二、寬二・一厘米

著録：《謝》一三四

來源：一九五七年三月十三日滬購

院藏號：新一六〇〇九六

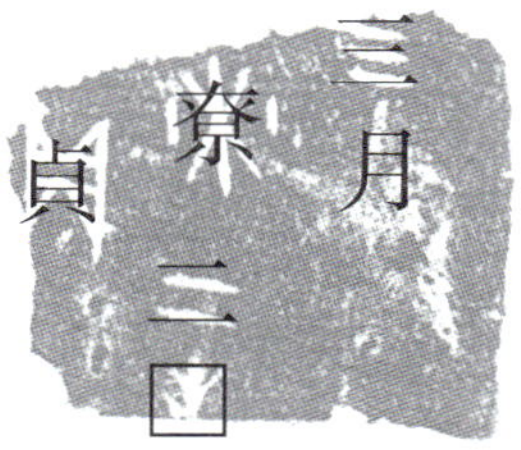

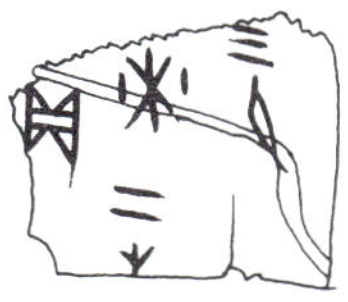

八二　三月某日貞燎事

本甲正面存辭一條。反面無字。

（一）☐貞☐尞（燎）二□☐三月。

【備注】

組類：賓組

材質：龜腹甲

尺寸：長二・〇、寬二・三厘米

著録：《謝》一四六

來源：一九五七年三月十三日滬購

院藏號：新一六〇一三二

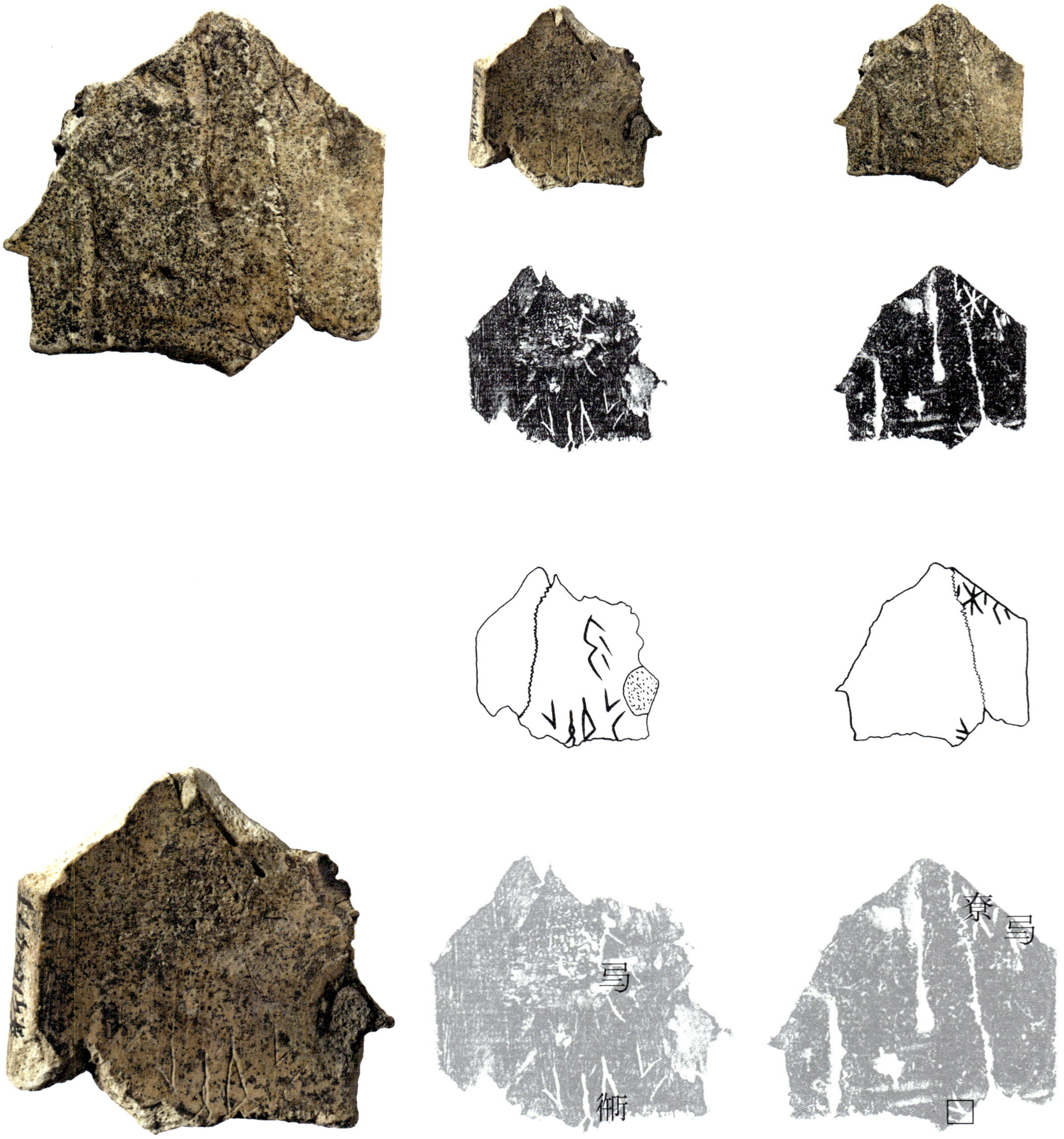

八三　某日問勿燎與勿禦等事

本甲正面存辭二條。反面存辭一條。

〔正面〕

（一）［弓（勿）］尞（燎）☐

（二）☐□☐

〔反面〕

（一）弓（勿）［衛（禦）］〔二〕☐

【簡釋】

〔一〕「衛」字同形體可參《合》一三九一一。

【備注】

組類：賓組

材質：龜背甲

尺寸：長三・六、寬三・五厘米

著録：《謝》一四一（反面倒置）

來源：一九五七年三月十三日滬購

院藏號：新一六〇四七七

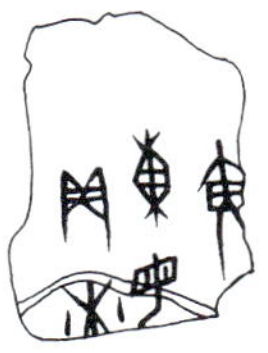

八四　某日貞燎于東母事

本甲正面存辭一條。反面無字。

（一）貞：尞（燎）☐東母☐黃☐

【備注】

組類：賓組

材質：龜腹甲

尺寸：長二・三、寬一・五厘米

著録：《合》一四三四二

來源：一九五七年三月十三日滬購

院藏號：新一六〇〇四九

八五　某日問禦等事

本甲正反面各存辭一條。

〔正面〕

（一）▨钔（禦）▨　二告〔一〕

〔反面〕

（一）▨［貞］：▨隹▨

【簡釋】

〔一〕本甲正面字口填墨。

【備注】

組類：賓組

材質：龜腹甲

尺寸：長一・九、寬一・三厘米

著録：未見

來源：一九五七年三月十三日滬購

院藏號：新一六〇四四八

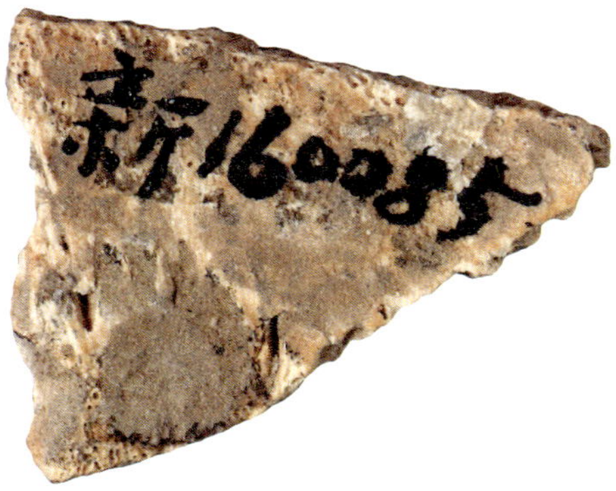

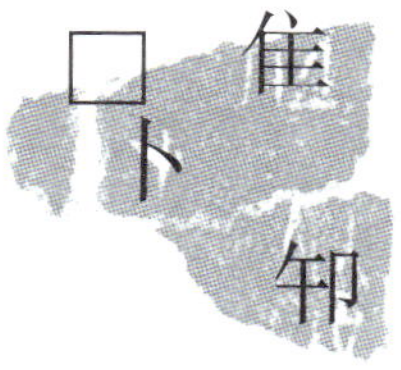

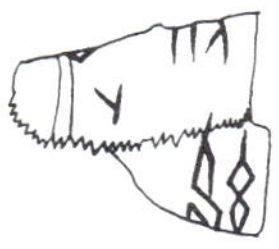

八六　某日卜唯禦事

本甲正面存辭一條。反面無字。

（一）　⍁□卜⍁［隹（唯）］卸（禦）⍁

【備注】

組類：賓組

材質：龜腹甲

尺寸：長一・六、寬二・〇厘米

著録：未見

來源：一九五七年三月十三日滬購

院藏號：新一六〇〇八五

八七　某日問茲事

本甲正面存辭一條。反面無字。

（一）☒茲☒〔一〕

【簡釋】

〔一〕本甲字口填墨。

【備注】

組類：賓組

材質：龜腹甲

尺寸：長一・八、寬一・四厘米

著録：《謝》二三五

來源：一九五七年三月十三日滬購

院藏號：新一六〇一六八

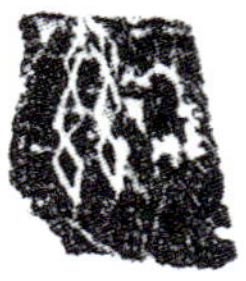

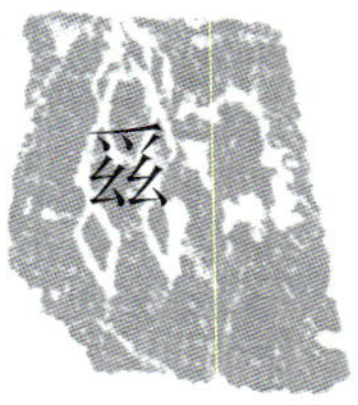

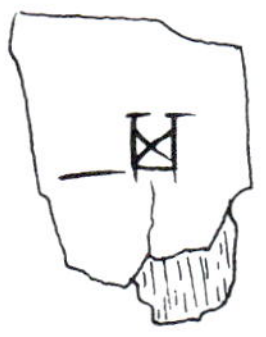

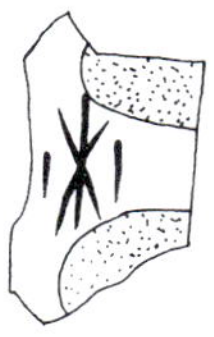

八八　某日問燎等事

本骨正反面各存辭一條。

〔正面〕

（一）☑其☑　一

〔反面〕

（一）☑尞（燎）☑

【備注】

組類：賓組

材質：牛肩胛骨

尺寸：長二・二、寬一・四厘米

著録：未見

來源：一九五七年三月十三日滬購

院藏號：新一六〇一五二

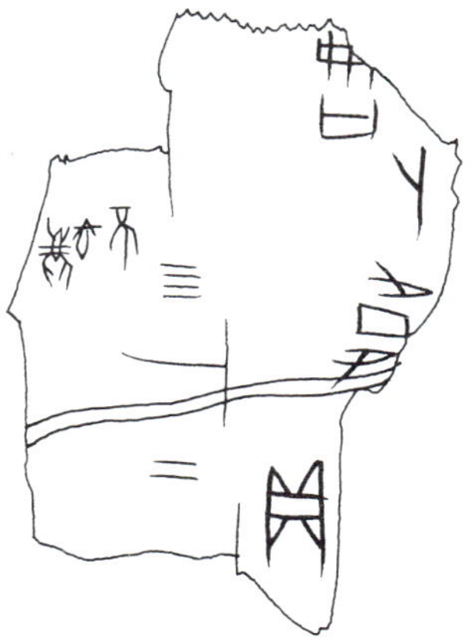

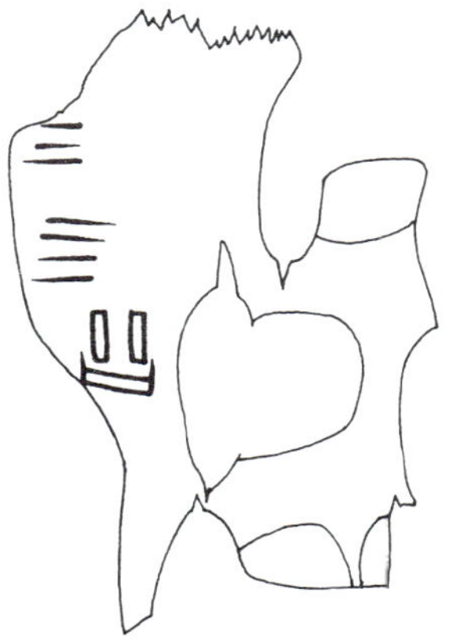

八九　某日卜韋貞𢀛事與乞四甲橋刻辭

本甲正反面各存辭一條。

〔正面〕

（一）☐卜，韋貞☐𢀛☐　二　三（四）〔一〕

☐不𠰷黿

〔反面〕

（一）☐乞三（四）。。

【簡釋】

〔一〕本甲正面字口填墨。

【備注】

組類：賓組

材質：龜腹甲

尺寸：長五・五、寬三・五厘米

著録：〔正〕《合》三八五三

來源：一九五七年三月十三日滬購

院藏號：新一六〇二五五

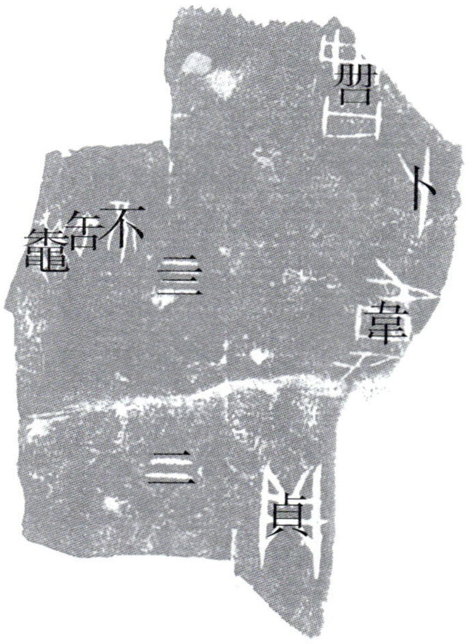
習
卜
章
貞
三
二
不
吿
鼀

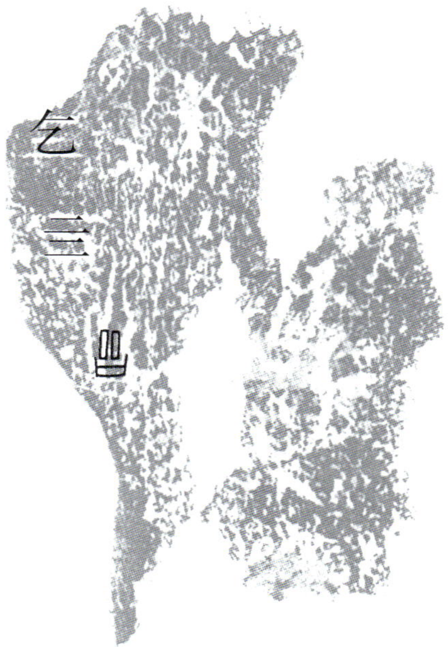
乞
三

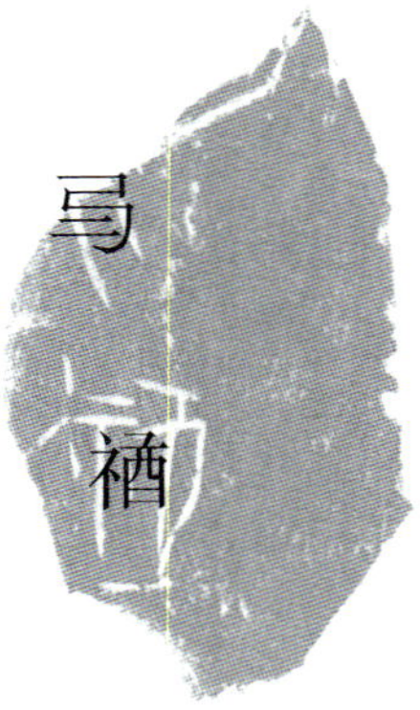

九〇　某日問勿祼事

本甲正面存辭一條，有界劃綫。反面無字。

（一）☐［弓（勿）］祹（祼）☐

【備注】

組類：賓組

材質：龜腹甲

尺寸：長三・三、寬一・九厘米

著録：未見

來源：一九五七年三月十三日滬購

院藏號：新一六〇三三二

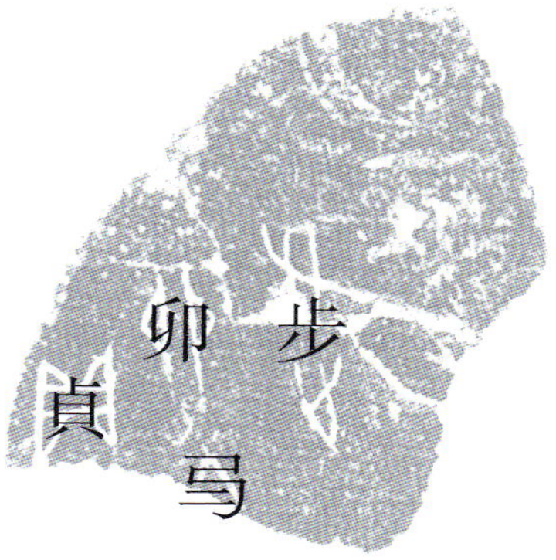

九一　某日貞卯日勿步事

本甲正面存辭一條。反面無字。

（一）貞☐卯［弓（勿）］☐步〔一〕☐

【簡釋】

〔一〕「步」字犯兆。

【備注】

組類：賓組

材質：龜腹甲

尺寸：長三・三、寬三・二厘米

著録：《謝》三二一

來源：一九五七年三月十三日滬購

院藏號：新一六〇〇九一

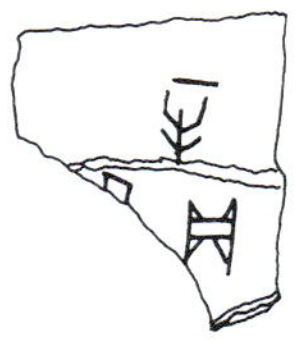
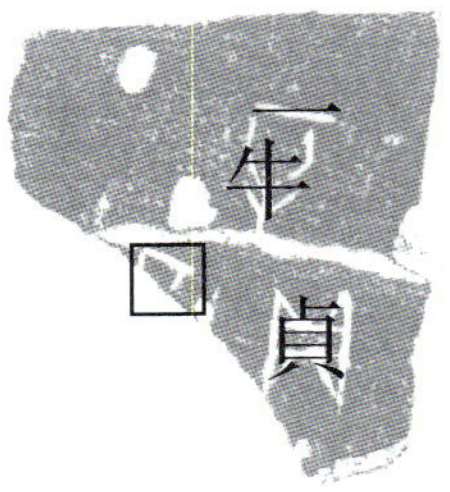

九二　某日問用一牛等事

本甲正面存辭二條。反面無字。

（一）☐貞☐☐☐

（二）☐一牛。

【備注】

組類：賓組

材質：龜腹甲

尺寸：長二・二、寬一・九厘米

著録：《謝》三九四

來源：一九五七年三月十三日滬購

院藏號：新一六〇三五八

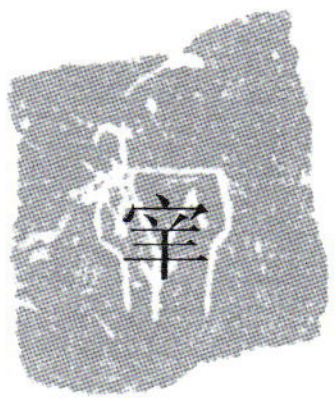

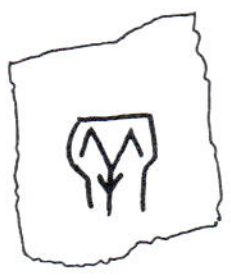

九三　某日問用宰事

本甲正面存辭一條。反面無字。

（一）☐宰☐

【備注】

組類：賓組

材質：龜腹甲

尺寸：長一・八、寬一・七厘米

著録：《謝》一六四

來源：一九五七年三月十三日滬購

院藏號：新一六〇一三三

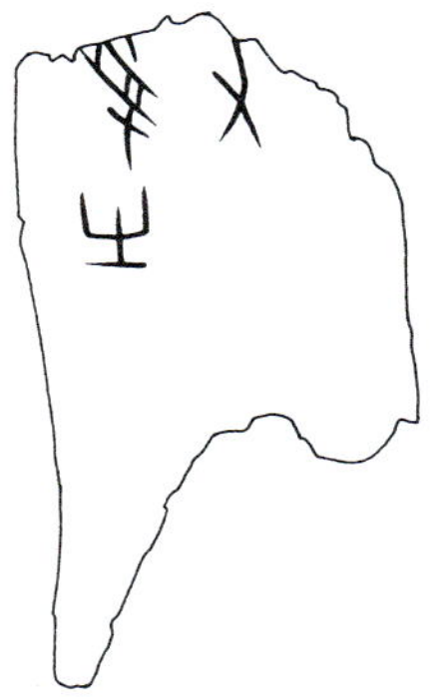

九四　某日問受有祐事

本骨正面存辭一條。反面無字。

（一）　☐［受］㞢（有）又（祐）。〔一〕

【簡釋】

〔一〕本骨字口填墨。

【備注】

組類：賓組

材質：牛肩胛骨

尺寸：長四・七、寬二・二厘米

著録：未見

來源：一九五七年三月十三日滬購

院藏號：新一六〇二四二

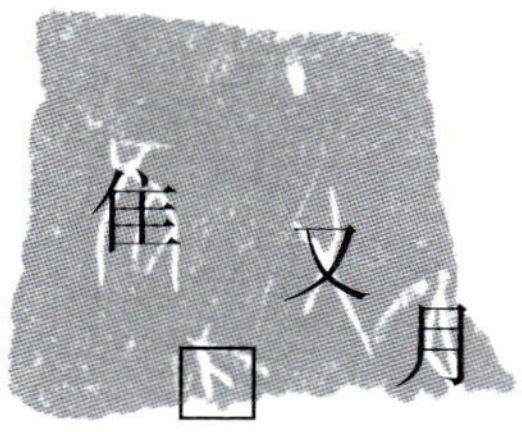

九五　隹又月等字殘辭

本甲正面存辭一條。反面無字。

（一）☐隹□☐又☐月☐

【備注】

組類：賓組

材質：龜腹甲

尺寸：長一・九、寬二・二厘米

著録：《謝》一五四

來源：一九五七年三月十三日滬購

院藏號：新一六〇一八二

九六　某日貞不我其祐事與入廿甲橋刻辭

本甲正反面各存辭一條。

〔正面〕

（一）貞：不☐我其☐又（祐）。　二

〔反面〕

（一）☐入廿。

【備注】

組類：賓組

材質：龜腹甲

尺寸：長二・三、寬二・三厘米

著録：〔正〕《京》一一四二、《謝》二九五、《合補》四五二一

來源：一九五七年三月十三日滬購

院藏號：新一六〇四八五

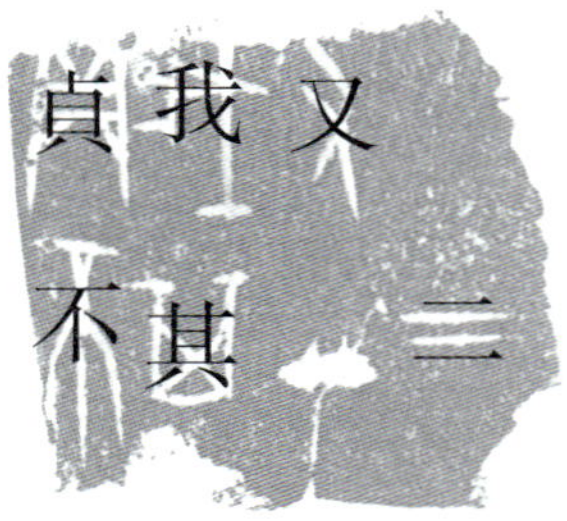

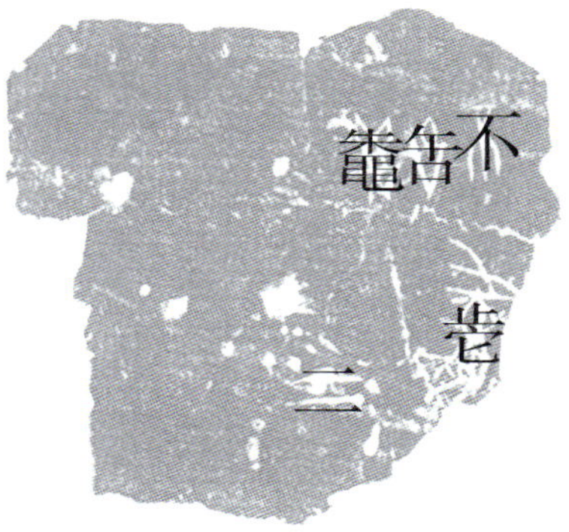

九七　某日問芒事

本甲正面存辭二條。反面無字。

（一）☐芒〔一〕☐　二

（二）不舌黿

【簡釋】

〔一〕「芒」或比定作「蚩」字，讀作「害」。

【備注】

組類：賓組

材質：龜腹甲

尺寸：長三・二、寬二・九厘米

著録：《謝》三八二

來源：一九五七年三月十三日滬購

院藏號：新一六〇三五七

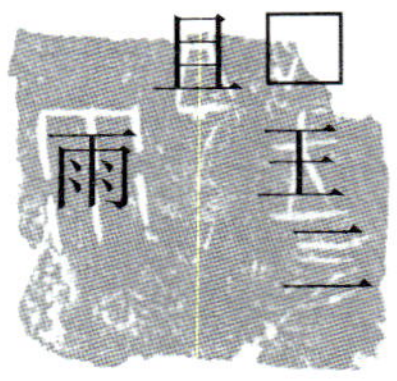

九八　某日王問祖某雨事

本甲正面存辭一條。反面無字。

（一）☐☐王☐且（祖）☐雨。　二[一]

【簡釋】

[一] 本甲字口填墨。

【備注】

組類：賓組
材質：龜腹甲
尺寸：長一・六、寬一・四厘米
著録：未見
來源：一九五七年三月十三日滬購
院藏號：新一六〇四三七

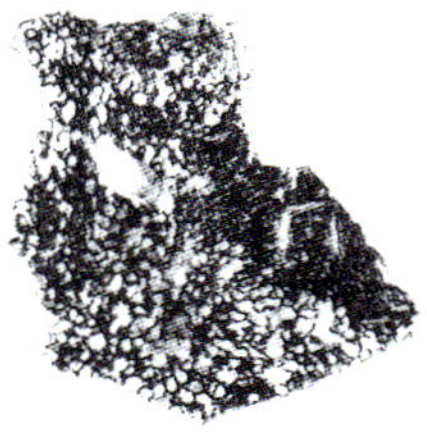

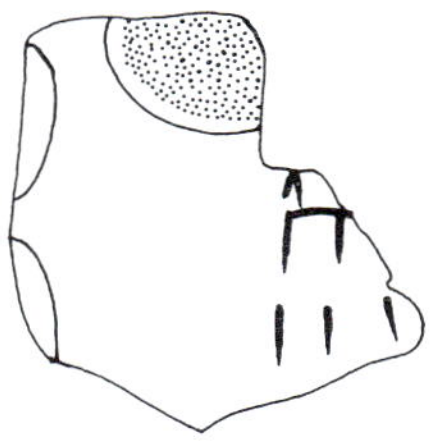

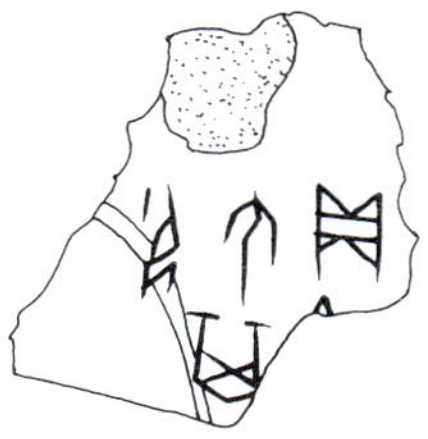

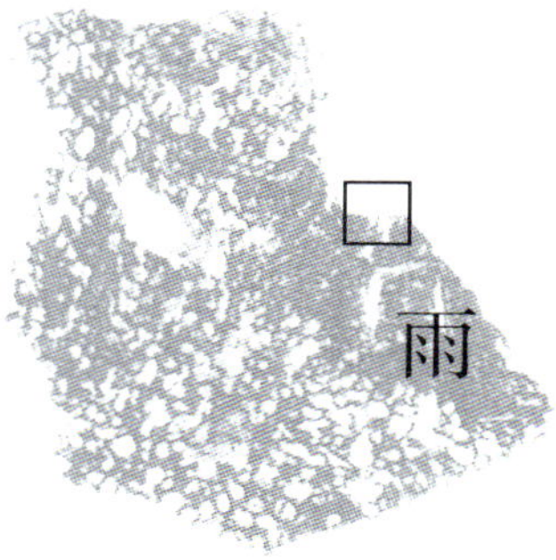

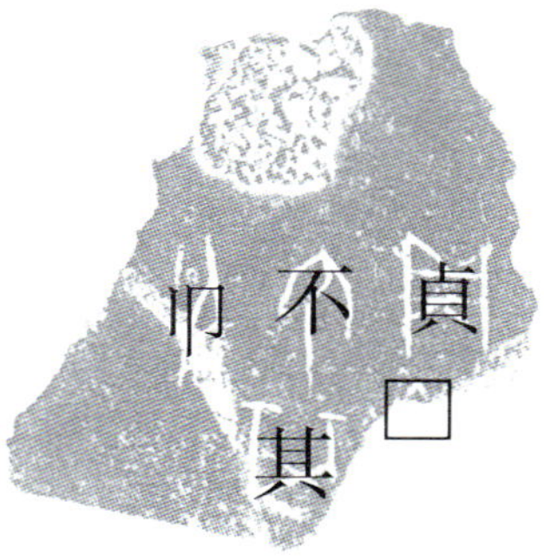

九九　某日貞不其某卬與雨等事

本甲正反面各存辭一條。

（正面）

（一）☐貞：□☐不其☐卬〔一〕。

（反面）

（一）☐□［雨］。〔二〕

【簡釋】

〔一〕「卬」或比定作「孚」字。

〔二〕本甲反面字口塗朱。

【備注】

組類：賓組

材質：龜腹甲

尺寸：長二・九、寬二・八厘米

著録：〔正〕《京》二三八六、《謝》七二、《合》一九七〇五

來源：一九五七年三月十三日滬購

院藏號：新一六〇二八四

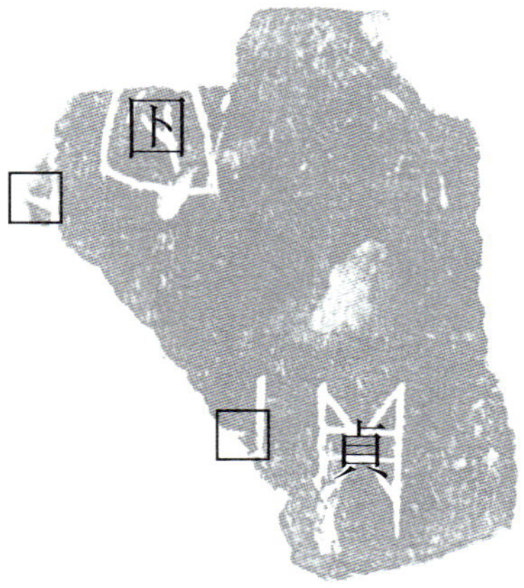

一〇〇　某日問⿴囗卜等事

本甲正面存辭二條。反面無字。

（一）　貞⧄□⧄

（二）　⧄□⧄[⿴囗卜]。

【備注】

組類：賓組

材質：龜腹甲

尺寸：長三・八、寬三・二厘米

著録：《謝》一八三

來源：一九五七年三月十三日滬購

院藏號：新一六〇四六九

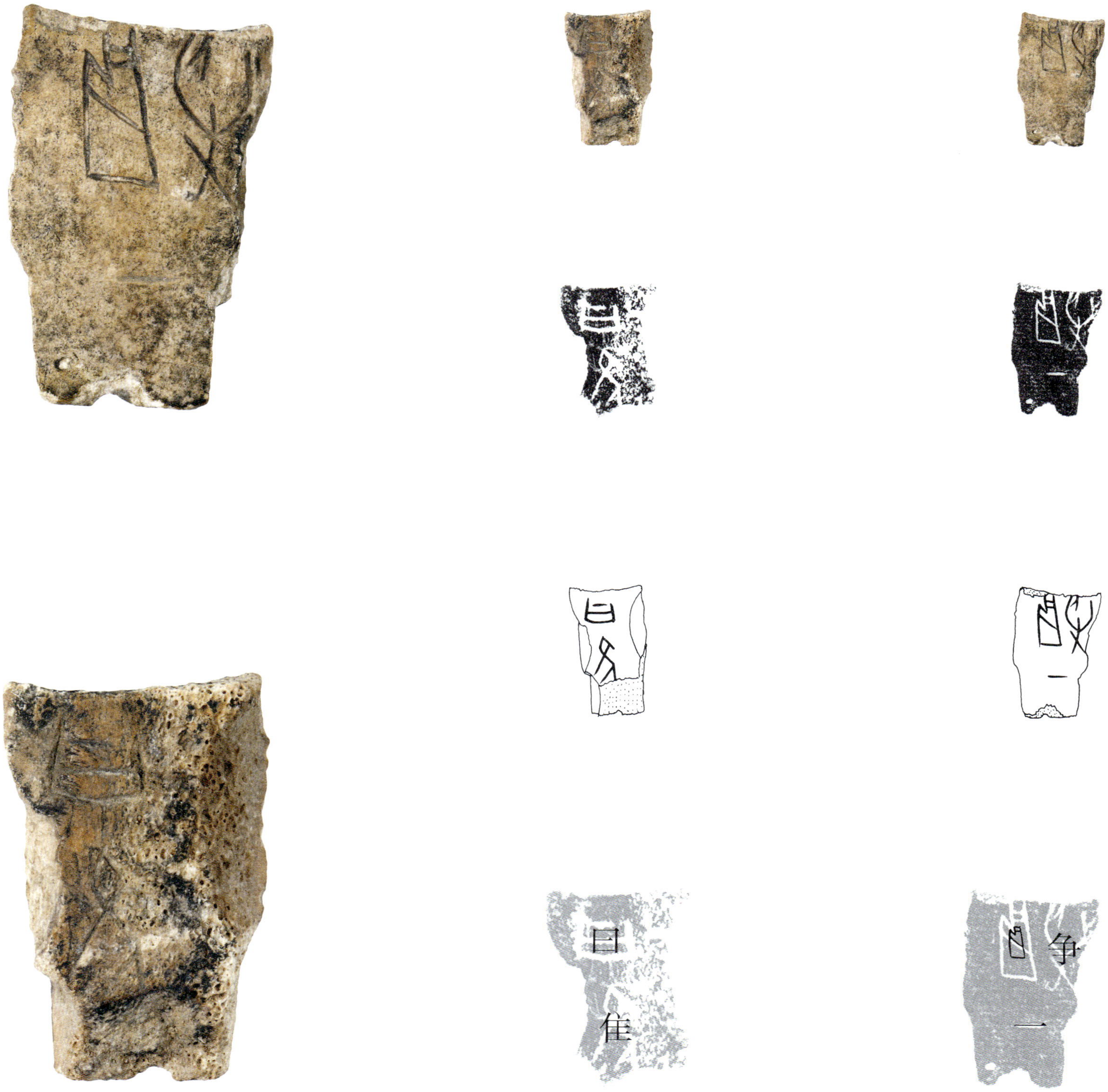

一〇一　某日争問[glyph]等事

本甲正反面各存辭一條。

〔正面〕

（一）☐争☐[glyph]〔一〕☐　一

〔反面〕

（一）☐曰：隹☐

【簡釋】

〔一〕「[glyph]」或比定作「冎」「肩」等字。

【備注】

組類：賓組

材質：龜腹甲

尺寸：長二・五、寬一・七厘米

著録：《謝》一四三

來源：一九五七年三月十三日滬購

院藏號：新一六〇一一〇

一〇二　一曰㞢等字殘辭

本甲正反面各存辭一條。

〔正面〕

（一）一

〔反面〕

（一）☐☐［曰］☐㞢☐

【備注】

組類：賓組

材質：龜腹甲

尺寸：長二・一、寬一・四厘米

著録：未見

來源：一九五七年三月十三日滬購

院藏號：新一六〇三九八

一〇三　二不吉等字殘辭

本骨正反面各存辭一條。

〔正面〕

（一）　二〔一〕

〔反面〕

（一）　☐不吉。☐

【簡釋】

〔一〕本骨正面字口填墨。

【備注】

組類：賓組

材質：牛肩胛骨

尺寸：長三・四、寬二・二厘米

著録：〔反〕《謝》三七八

來源：一九五七年三月十三日滬購

院藏號：新一六〇〇二九

一〇四　某日問夢與宜等事

本甲正反面各存辭一條。

〔正面〕

（一）□［夢］□

〔反面〕

（一）□宜〔二〕□

【簡釋】

〔二〕「宜」字倒刻，下有「來」字刮削改刻痕迹。

【備注】

組類：賓組

材質：龜腹甲

尺寸：長二·六、寬一·七厘米

著録：〔正反〕《合》一七四七七

來源：一九五七年三月十三日滬購

院藏號：新一六〇二二八

一〇五　某日問王夢事

本甲正面存辭一條。反面無字。

（一）☐王☐夢☐　三〔一〕

【簡釋】

〔一〕本甲字口填墨。

【備注】

組類：賓組

材質：龜腹甲

尺寸：長一・八、寬一・六厘米

著録：《合》一七四三六

來源：一九五七年三月十三日滬購

院藏號：新一六〇四〇二

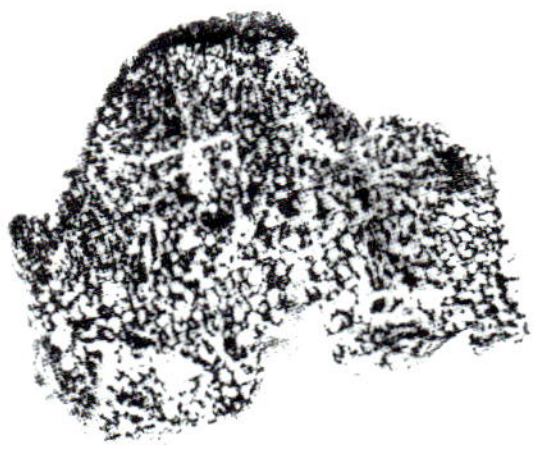

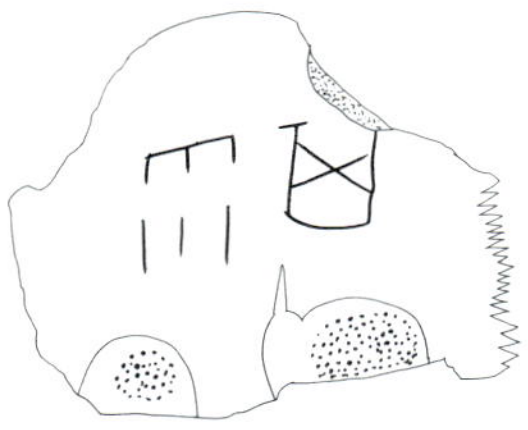

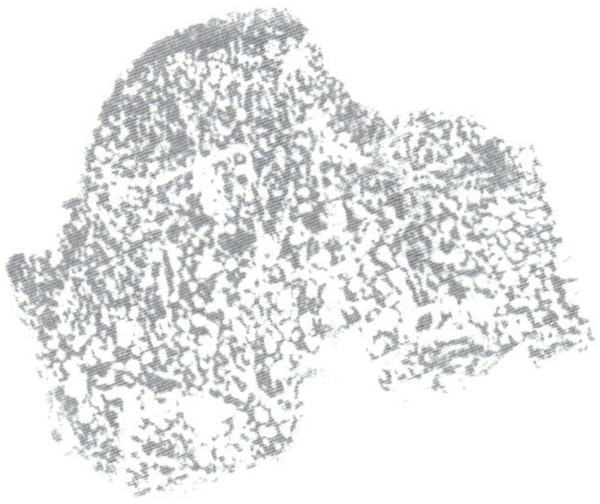

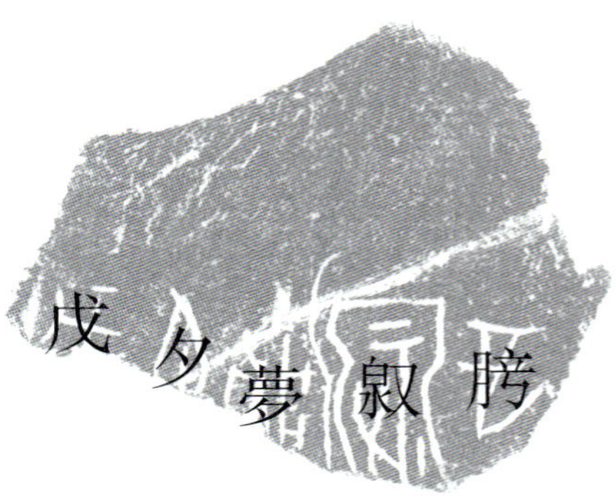

一〇六　戊日問夕夢與其雨等事

本甲正面存辭二條，有界劃綫。反面存辭一條。

〔正面〕

（一）［戊］☐［夕］☐［夢］☐

（二）☐［朕（孽）］☐叡☐

〔反面〕

（一）☐其雨。

【備注】

組類：賓組

材質：龜腹甲

尺寸：長三・〇、寬三・八厘米

著録：〔正〕《合》一七四七五

來源：一九五七年三月十三日滬購

院藏號：新一六〇四六八

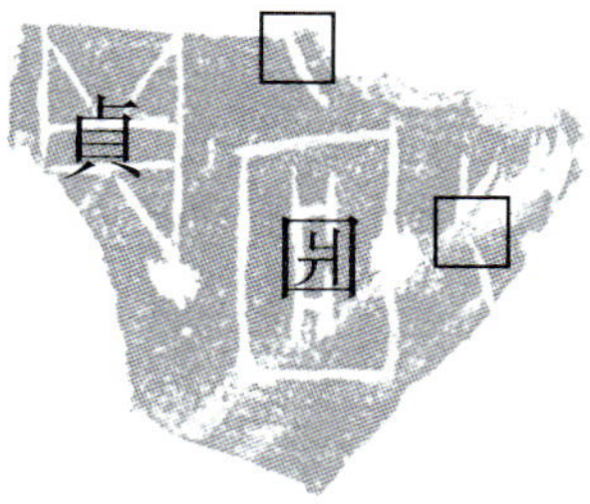

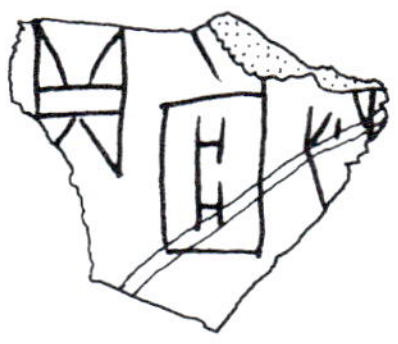

一〇七　某日貞葬事

本甲正面存辭一條。反面無字。

（一）☐貞☐☐囯（葬）☐☐☐

【備注】

組類：賓組

材質：龜腹甲

尺寸：長二・二、寬二・六厘米

著録：《謝》二三五

來源：一九五七年三月十三日滬購

院藏號：新一六〇一四七

一〇八　某日永問燎岳與婦姘其𡆥等事

本甲正面存辭二條，有界劃綫。反面無字。

（一）□☐［永］☐［尞（燎）］☐［岳］☐

（二）☐帚（婦）姘其𡆥〔一〕。

【簡釋】

〔一〕「𡆥」或比定作「殟」「殞」等字。

【備注】

組類：賓組

材質：龜腹甲

尺寸：長二・四、寬二・三厘米

著録：《京》一九九三、《謝》一三一、《合》一七〇六二

來源：一九五七年三月十三日滬購

院藏號：新一六〇三一六

一〇九　卯日卜王問葬大事

本骨正面存辭一條。反面無字。

（一）☐卯卜，［王］☐𡆥（葬）大☐

【備注】

組類：賓組

材質：牛肩胛骨

尺寸：長二·九、寬二·〇厘米

著録：《謝》四三五、《合補》五〇五六

來源：一九五七年三月十三日滬購

院藏號：新一六〇三〇四

一一〇　某日卜貞勿周葬事

本甲正面存辭一條。反面無字。

（一）☐卜☐［貞］：弓（勿）☐周团（葬）☐☐☐　二

【備注】

組類：賓組

材質：龜腹甲

尺寸：長一・九、寬二・〇厘米

著録：《合》八四六四

來源：一九五七年三月十三日滬購

院藏號：新一六〇〇三五

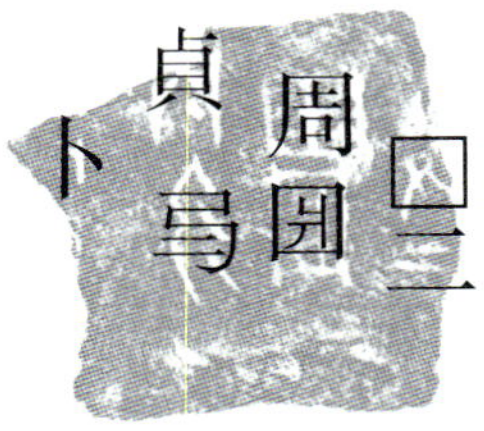

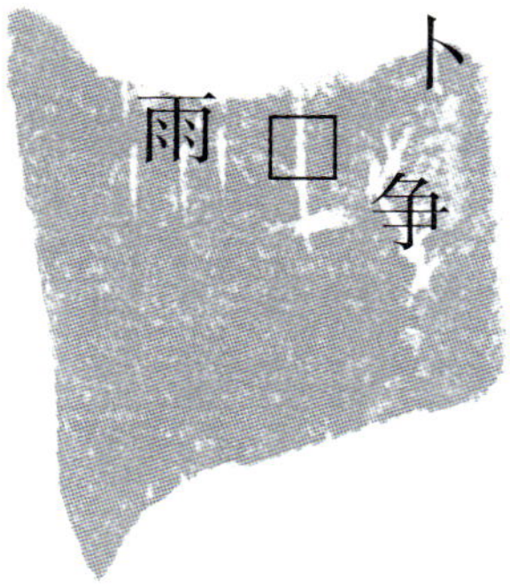

一一二　**某日卜争問雨事**

本骨正面存辭一條，反面無字。

（一）〼［卜］，争〼□〼［雨］。

【備注】

組類：賓組

材質：牛肩胛骨

尺寸：長三・〇、寬二・一厘米

著録：未見

來源：一九五七年三月十三日滬購

院藏號：新一六〇〇七四

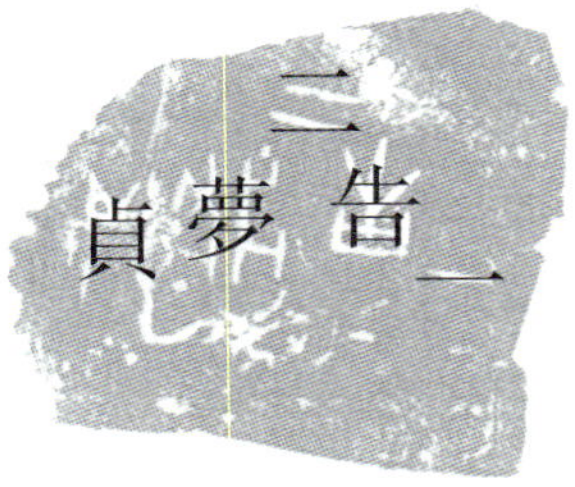

一二二　某日貞夢等事

本甲正面存辭二條。反面無字。

（一）貞☐夢☐　一

（二）二告

【備注】

組類：賓組

材質：龜腹甲

尺寸：長二・二、寬二・三厘米

著録：《謝》二八四

來源：一九五七年三月十三日滬購

院藏號：新一六〇三六一

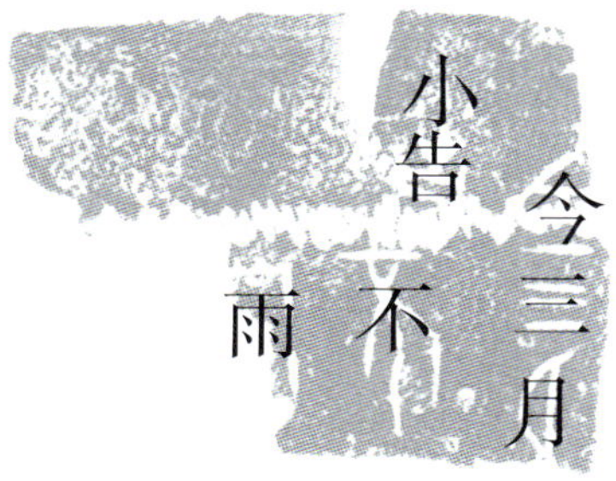

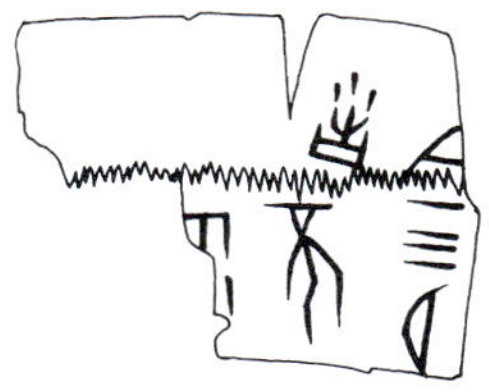
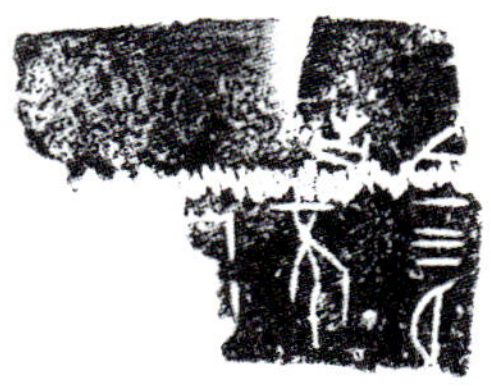

一二三　某日問今三月不雨等事

本甲正面存辭二條。反面無字。

（一）☐今三月不雨。

（二）小告〔一〕

【簡釋】

〔一〕本甲上端截鋸。

【備注】

組類：賓組

材質：龜腹甲

尺寸：長二・五、寬三・一厘米

著録：《謝》一七二

來源：一九五七年三月十三日滬購

院藏號：新一六〇四六五

一一四　某日貞某事

本甲正面存辭一條。反面無字。

（一）☐貞：☐☐

【備注】

組類：賓組

材質：龜腹甲

尺寸：長二・〇、寬二・〇厘米

著録：未見

來源：一九五七年三月十三日滬購

院藏號：新一六〇三九六

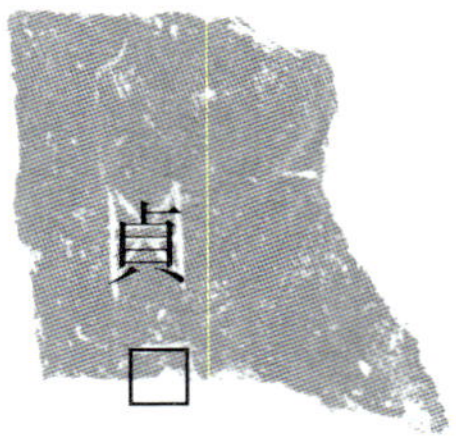

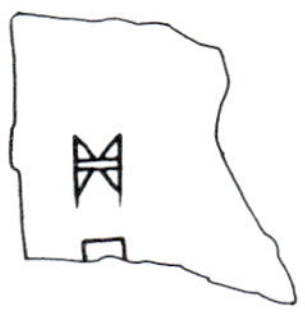

一一五　某日問不舞雨事

本甲正面存辭一條。反面無字。

（一）　☐［不］舞〔一〕☐雨〔二〕，［允］☐

【簡釋】

〔一〕「不」「舞」間有「雨」字刮削改刻痕迹。

〔二〕「雨」下有「舞」字刮削改刻痕迹。

【備注】

組類：賓組

材質：龜甲

尺寸：長一・八、寬二・〇厘米

著録：《京》四四六、《謝》二六七、《合》一二八二六

來源：一九五七年三月十三日滬購

院藏號：新一六〇一八一

一一六　某日問不雨等事

本骨正反面各存辭一條。

〔正面〕

（一）〼日［不］雨。

〔反面〕

（一）〼□巳〼

【備注】

組類：賓組

材質：牛肩胛骨

尺寸：長二・一、寬一・五厘米

著録：《謝》一四九

來源：一九五七年三月十三日滬購

院藏號：新一六〇三一三

一一七　某日貞翌乙不其易事

本甲正面存辭一條。反面無字。

（一）☐［貞］：翌［乙］☐［不其易］☐

【備注】

組類：賓組

材質：龜腹甲

尺寸：長二・四、寬二・三厘米

著録：《京》五〇八、《謝》六九、《合》一三二九一

來源：一九五七年三月十三日滬購

院藏號：新一六〇一八〇

一一八　某日問午不其易日等事

本甲正反面各存辭一條。

〔正面〕

（一）☐午不其易日。　一

〔反面〕

（一）☐［辰］☐

【備注】

組類：賓組

材質：龜腹甲

尺寸：長三・〇、寬三・一厘米

著録：〔正〕《京》四九九、《謝》一八五、《合》一三一八八

來源：一九五七年三月十三日滬購

院藏號：新一六〇四七四

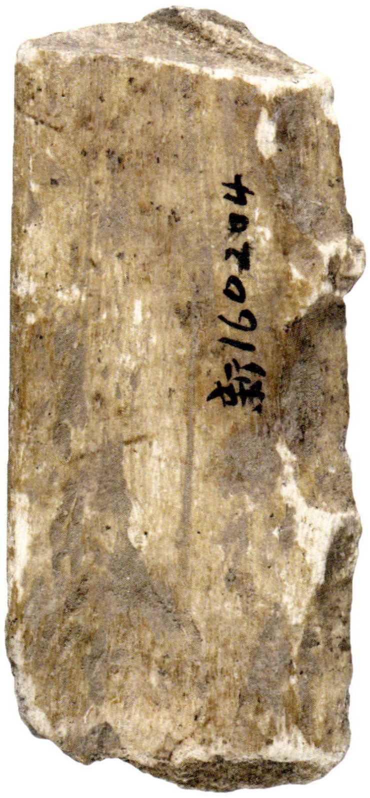

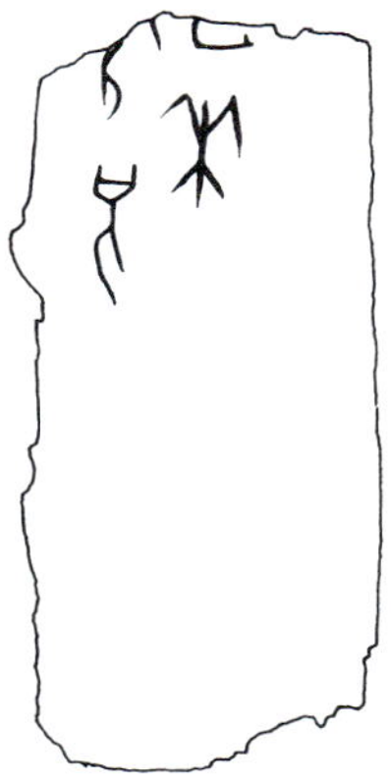

一一九　某日問唯兄丁來事

本骨正面存辭一條。反面無字。

（一）［隹（唯）］兄［丁］來。〔一〕

【簡釋】

〔一〕本骨可綴《合》四四六七，綴合後即《合補》一二四一，釋文可補爲「隹（唯）兄丁來」。詳見蔡哲茂綴，《綴集》第四四組。可續綴《佚》一〇一，詳見林宏明綴，《甲骨新綴第五六〇例》。

【備注】

組類：賓組

材質：牛肩胛骨

尺寸：長五・四、寬二・三厘米

著録：《京》一〇六一、《謝》四三七、《合》二八九六、《合補》一二四一下半

來源：一九五七年三月十三日滬購

院藏號：新一六〇二〇四

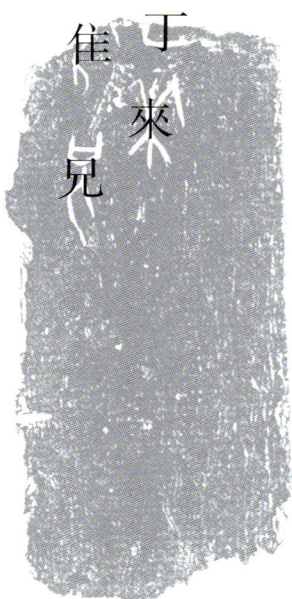

一二〇 某日貞婦好事

本甲正面存辭一條。反面無字。

（一）☐［貞］☐好☐〔一〕

【簡釋】

〔一〕本甲字口填墨。

【備注】

組類：賓組

材質：龜腹甲

尺寸：長一・七、寬一・七厘米

著録：《謝》二四三

來源：一九五七年三月十三日滬購

院藏號：新一六〇一七六

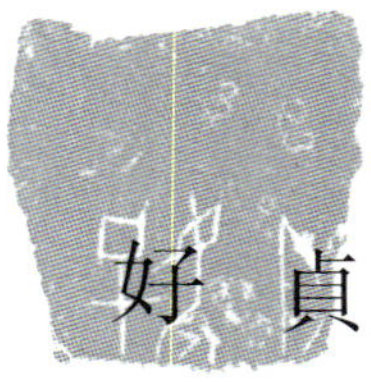

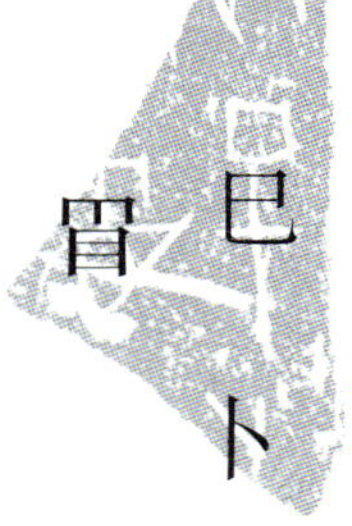

一二二　癸巳卜冒事

本甲正面存辭一條。反面無字。

（一）［癸］巳卜▨冒▨

【備注】

組類：賓組

材質：龜腹甲

尺寸：長二・七、寬一・四厘米

著録：《謝》三八八

來源：一九五七年三月十三日滬購

院藏號：新一六〇〇五二

一三三　辛丑問翌甲雀尋事

本甲正面存辭一條，有界劃綫。反面無字。

（一）［辛丑］☐翌甲☐雀［尋］☐（一）

【簡釋】

（一）本甲可綴《合》一五七五四，綴合後釋文可補爲「［辛］丑卜：翌甲辰雀尋酌□☐」。詳見林宏明綴，《契合集》第七六例。

【備注】

組類：賓組

材質：龜腹甲

尺寸：長一·六、寬二·〇厘米

著録：《京》三八〇一、《謝》二七〇、《合》四一四〇

來源：一九五七年三月十三日滬購

院藏號：新一六〇二六八

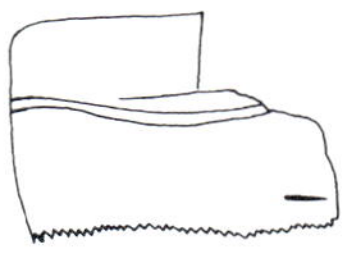

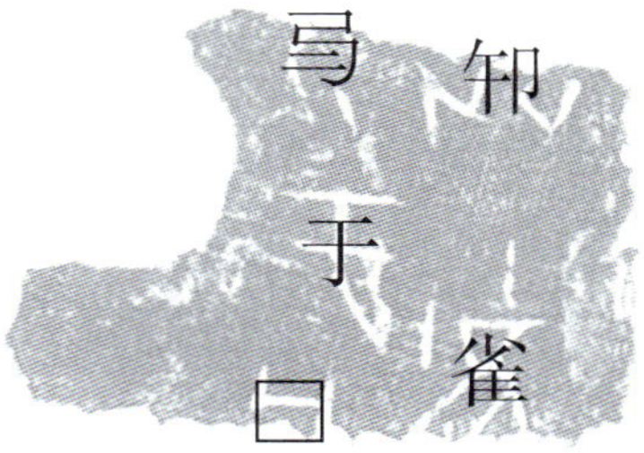

一二三　某日問禦雀等事

本甲正反面各存辭一條。

〔正面〕

（一）　一

〔反面〕

（一）　☐［弓（勿）］于□☐［卸（禦）］雀☐

【備注】

組類：賓組

材質：龜背甲

尺寸：長二・三、寬一・六厘米

著録：〔反〕《謝》二六八

來源：一九五七年三月十三日滬購

院藏號：新一六〇四三一

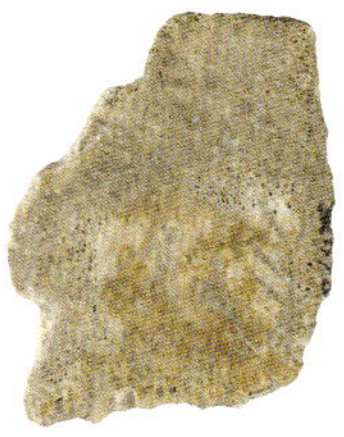

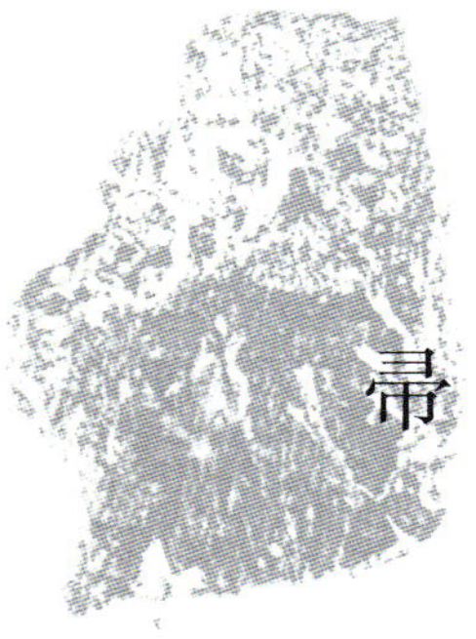

一一四　某日貞勿呼甾事與婦某甲橋刻辭

本甲正反面各存辭一條。

〔正面〕

（一）☐［貞］：弓（勿）［乎（呼）］甾☐

〔反面〕

（一）☐帚（婦）☐

【備注】

組類：賓組

材質：龜腹甲

尺寸：長二・九、寬二・三厘米

著録：未見

來源：一九五七年三月十三日滬購

院藏號：新一六〇四七〇

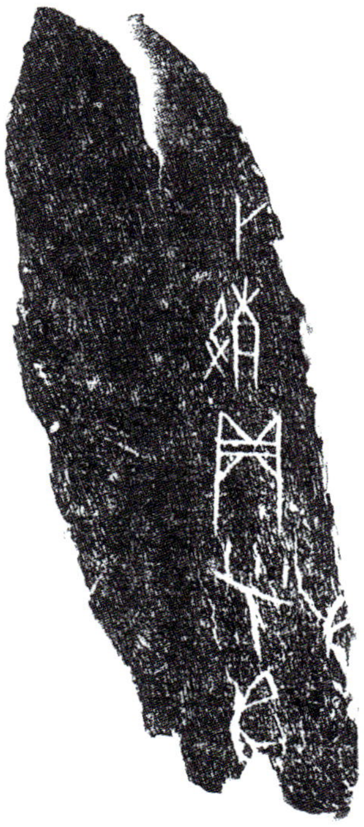

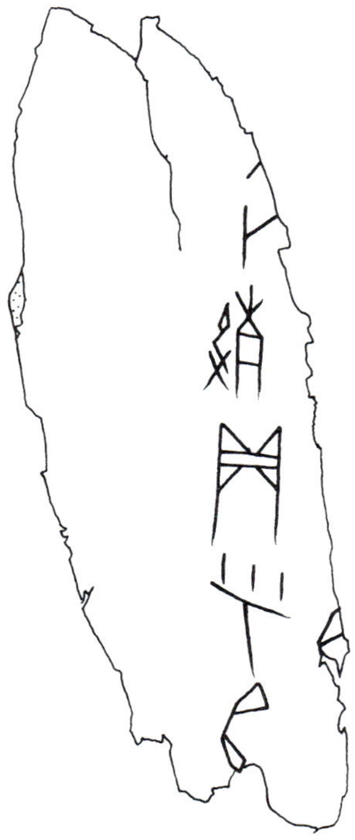

一二五　某日卜㱿貞呼𠂤等事

本骨正面存辭二條。反面無字。

（一）⍁□卜，㱿貞：乎（呼）𠂤⍁

（二）⍁［𠂤］⍁

【備注】

組類：賓組

材質：牛肩胛骨

尺寸：長九・三、寬三・一厘米

著録：《合》四二四四

來源：一九五七年三月十三日滬購

院藏號：新一六〇〇〇二

新160002

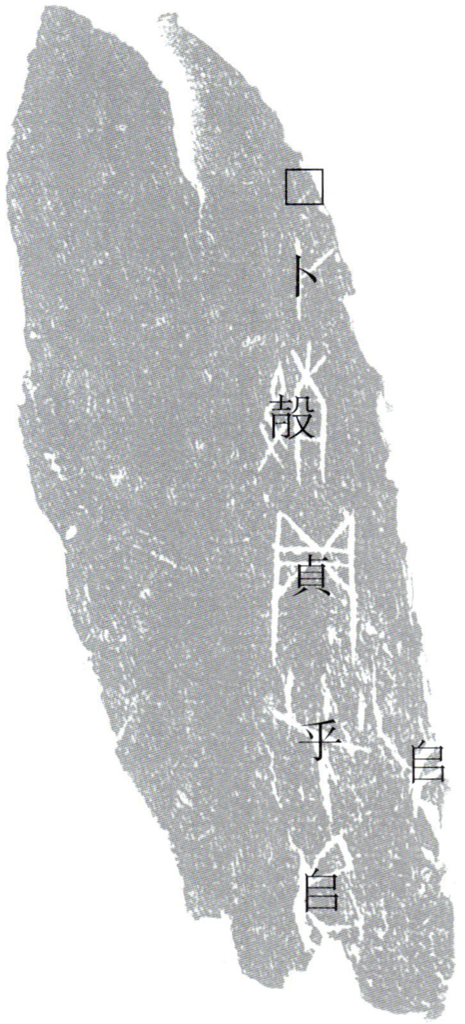
□
卜
殻
貞
乎
𠂤
𠂤

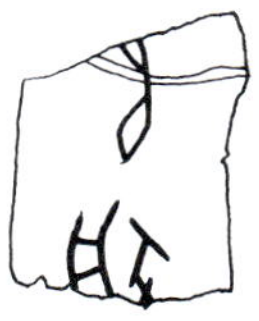

二二六　某日問自般事

本甲正面存辭一條。反面無字。

（一）☐［自般］☐

【備注】

組類：賓組

材質：龜腹甲

尺寸：長二·一、寬一·五厘米

著録：《合》四二三一

來源：一九五七年三月十三日滬購

院藏號：新一六〇〇七三

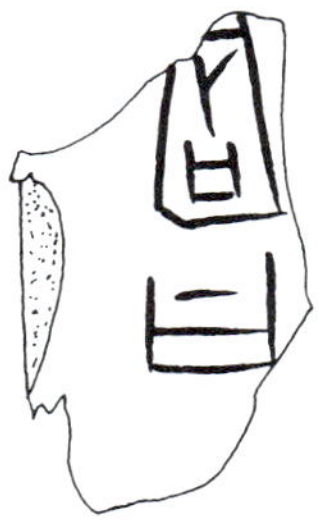

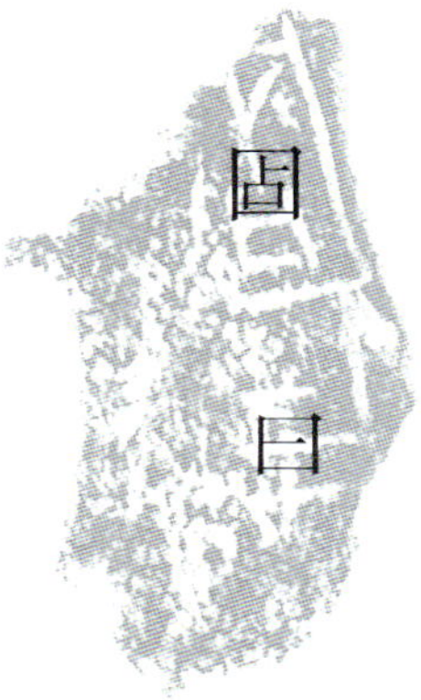

一二七　某日卜㝔問祉戠等事

本甲正反面各存辭一條。

〔正面〕

（一）⊠□卜，㝔⊠□祉戠⊠　一

〔反面〕

（一）⊠［固（占）］曰⊠

【備注】

組類：賓組

材質：龜腹甲

尺寸：長三・五、寬一・九厘米

著録：《謝》七三

來源：一九五七年三月十三日滬購

院藏號：新一六〇一二〇

一二八　某日問勿唯沚戠比事

本甲正面存辭一條。反面無字。

（一）［弓（勿）］隹（唯）［沚戠］比。

【備注】

組類：賓組

材質：龜腹甲

尺寸：長二・一、寬一・三厘米

著録：《合》一八九五九

來源：一九五七年三月十三日滬購

院藏號：新一六〇一七一

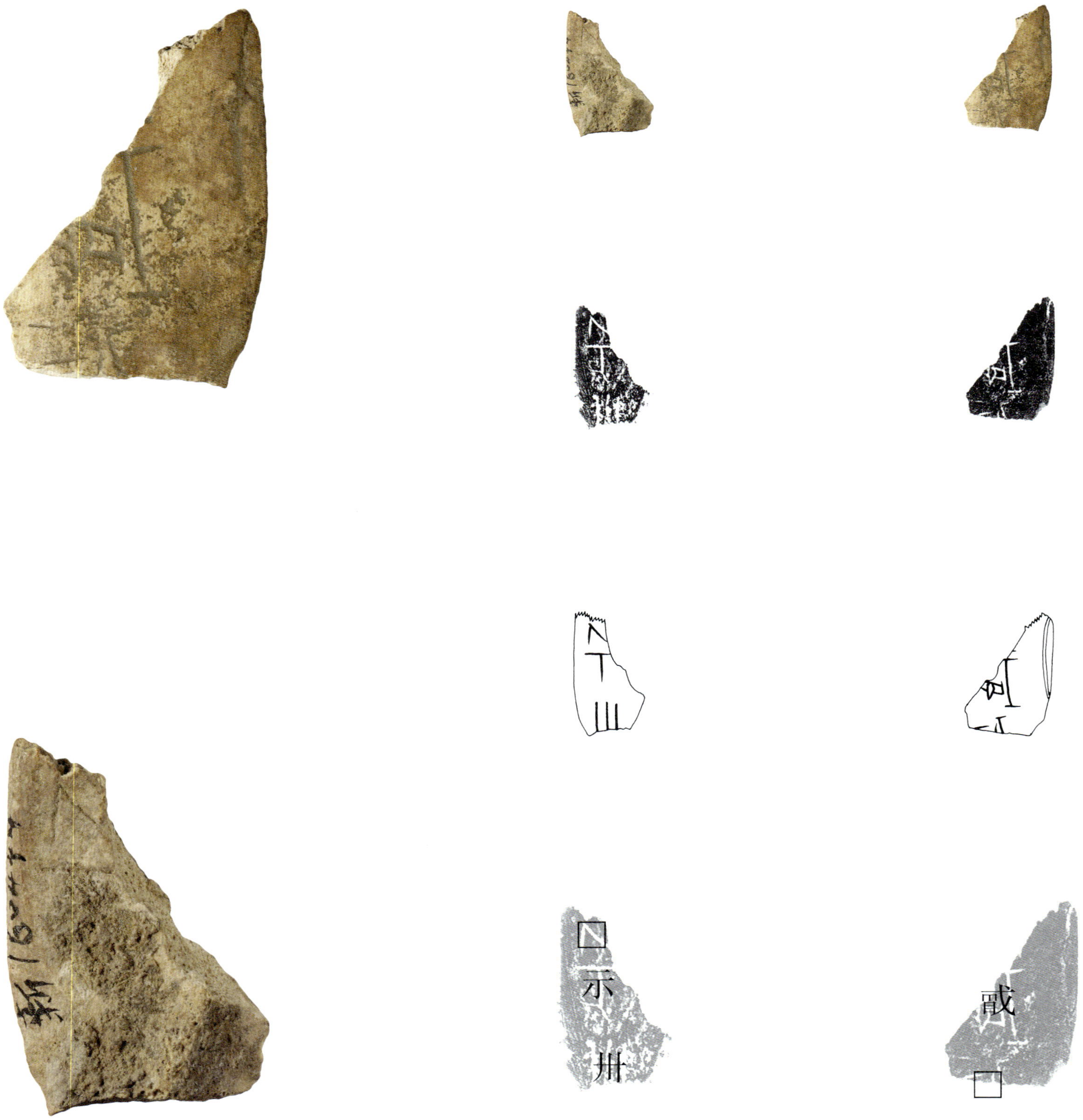

一二九　某日問戠事與某示卅甲橋刻辭

本甲正反面各存辭一條。

〔正面〕

（一）☒［戠］☐☒

〔反面〕

（一）☒☐示［卅］☒

【備注】

組類：賓組

材質：龜腹甲

尺寸：長二・四、寬一・四厘米

著録：未見

來源：一九五七年三月十三日滬購

院藏號：新一六〇四四四

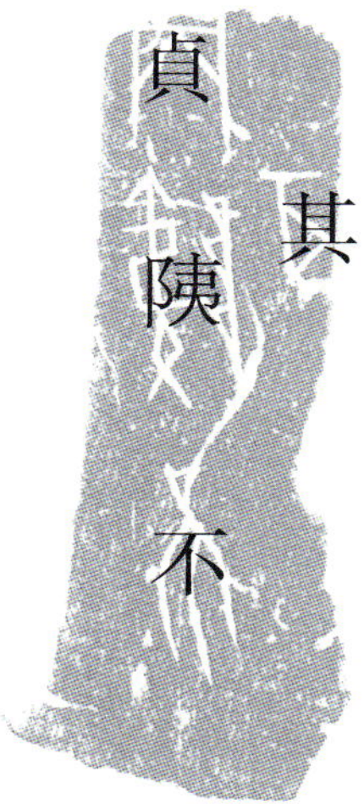

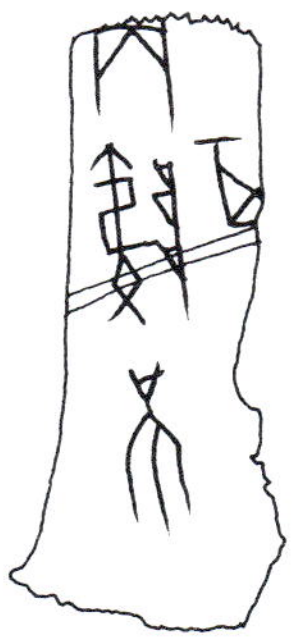

一三〇　某日貞陕不其某事

本甲正面存辭一條。反面無字。

（一）☐［貞］：陕不［其］☐

【備注】

組類：賓組

材質：龜腹甲

尺寸：長四・三、寬一・六厘米

著録：《京》二四六五、《謝》三二三、《合》四七七八

來源：一九五七年三月十三日滬購

院藏號：新一六〇三五三

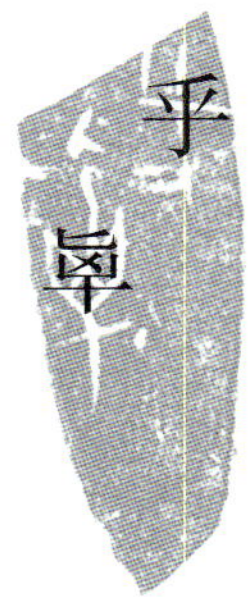

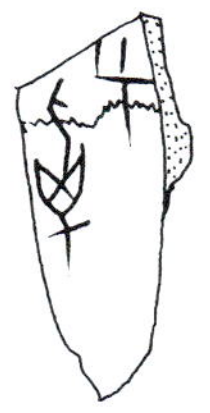

一三一　某日問呼皁事

本甲正面存辭一條。反面無字。

（一）　〼［乎（呼）］〼皁〼

【備注】

組類：賓組

材質：龜腹甲

尺寸：長二・七、寬一・二厘米

著録：《京》二二五六、《謝》三〇二、《合》四〇四五

來源：一九五七年三月十三日滬購

院藏號：新一六〇〇九三

一三二 某日貞阜事

本甲正面存辭一條。反面無字。

（一）貞：阜□☒

【備注】

組類：賓組

材質：龜腹甲

尺寸：長三・二、寬一・二厘米

著録：《謝》三七二

來源：一九五七年三月十三日滬購

院藏號：新一六〇〇六五

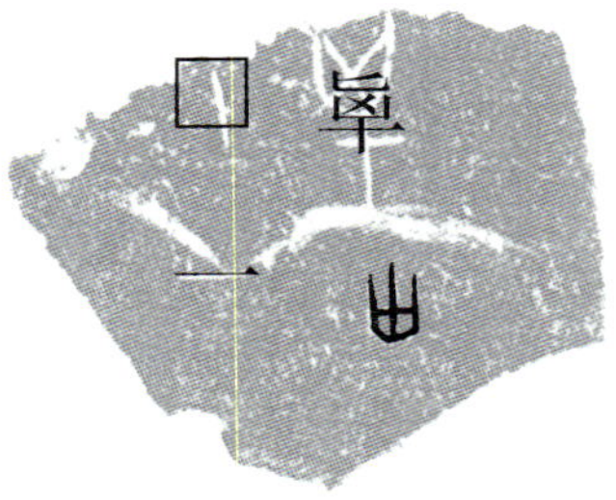

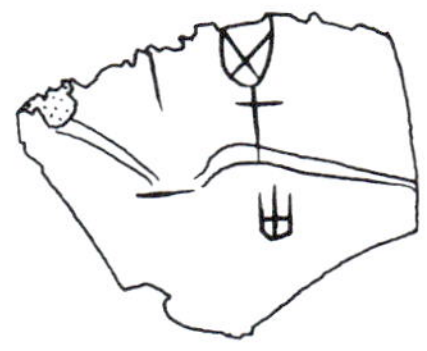

一三三　某日問㚔由事

本甲正面存辭一條。反面無字。

（一）☐［㚔］甶（由）☐☐☐　一

【備注】

組類：賓組

材質：龜腹甲

尺寸：長二·三、寬二·七厘米

著録：《京》二一六三、《謝》三六一、《合》一〇八〇二

來源：一九五七年三月十三日滬購

院藏號：新一六〇一六三

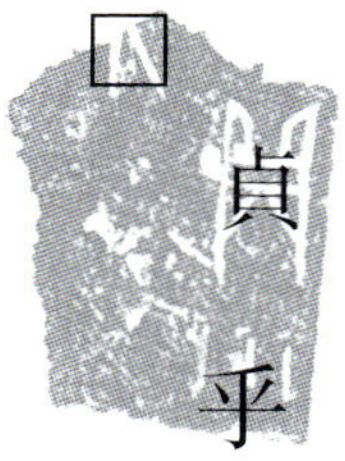

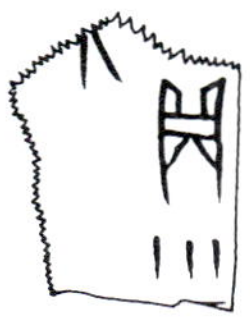

一三四　某日貞呼某事

本甲正面存辭一條。反面無字。

（一）　☐貞：［乎（呼）］☐□☐

【備注】

組類：賓組
材質：龜背甲
尺寸：長二・〇、寬一・六厘米
著録：《謝》二五一
來源：一九五七年三月十三日滬購
院藏號：新一六〇二二五

一三五　某日貞勿呼某事

本甲正面存辭一條。反面無字。

（一）〼［貞］：弓（勿）乎（呼）〼弗〼〼〼　一

【備注】

組類：賓組

材質：龜腹甲

尺寸：長二・四、寬一・八厘米

著録：《謝》一五八

來源：一九五七年三月十三日滬購

院藏號：新一六〇一二五

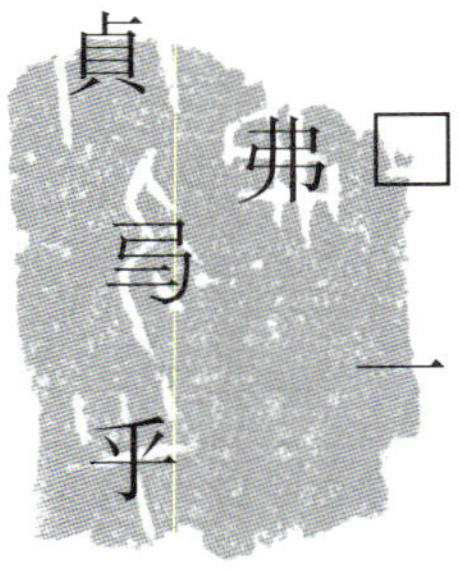

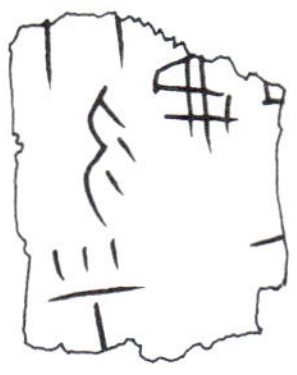

一三六　某日貞呼取事

本甲正面存辭一條。反面無字。

（一）　☐［貞］：乎（呼）取☐

【備注】

組類：賓組

材質：龜腹甲

尺寸：長三・三、寬一・八厘米

著録：《謝》一四〇

來源：一九五七年三月十三日滬購

院藏號：新一六〇一〇二

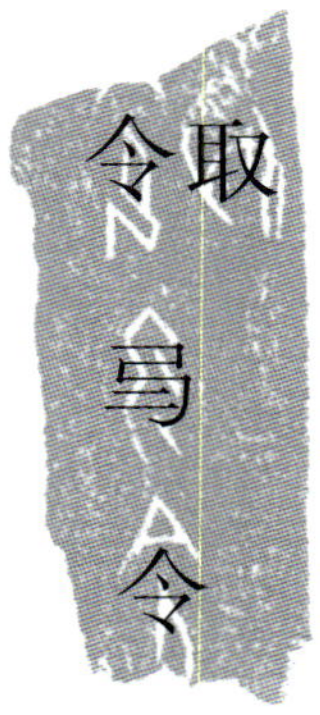

一三七　某日問令取等事

本骨正面存辭二條。反面無字。

（一）　弓（勿）[令]☐

（二）　☐令☐取。

【備注】

組類：賓組

材質：牛肩胛骨

尺寸：長三・二、寬一・二厘米

著録：《京》一〇一八、《謝》一五一、《合》八八六五

來源：一九五七年三月十三日滬購

院藏號：新一六〇一一四

一三八　己亥卜貞令某事

本甲正面存辭一條。反面無字。

（一）己亥［卜］☐［貞］：令☐

【備注】

組類：賓組

材質：龜腹甲

尺寸：長一・五、寬一・五厘米

著録：《謝》二八三

來源：一九五七年三月十三日滬購

院藏號：新一六〇四四七

一三九　庚寅問膺取與來艱等事

本甲正反面各存辭一條。

〔正面〕

（一）［庚］寅☐雁（膺）☐取☐

〔反面〕

（一）☐［來嬉（艱）］☐

【備注】

組類：賓組

材質：龜腹甲

尺寸：長一・六、寬二・一厘米

著録：〔正〕《京》二六〇〇、《謝》一三七；

〔正反〕《合》八八七四

來源：一九五七年三月十三日滬購

院藏號：新一六〇一三五

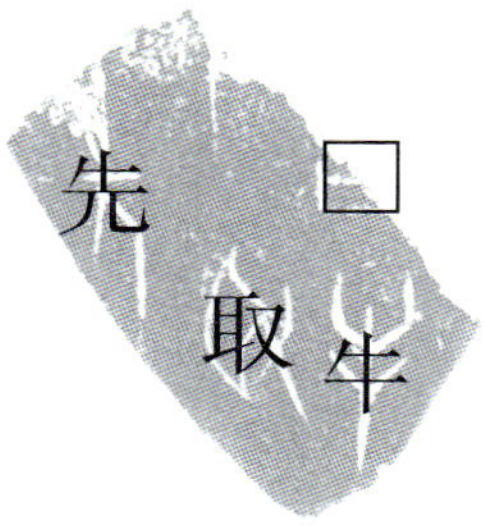

一四〇　某日問先取牛事

本甲正面存辭一條。反面無字。

（一）　〼先〼取〼□牛。

【備注】

組類：賓組

材質：龜腹甲

尺寸：長二・四、寬一・三厘米

著録：《京》一〇二〇、《謝》一七九、《合》八八〇〇

來源：一九五七年三月十三日滬購

院藏號：新一六〇三二〇

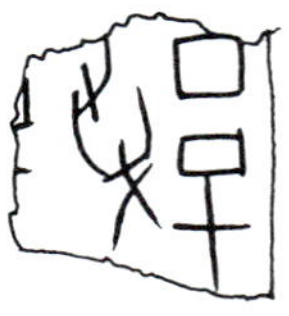

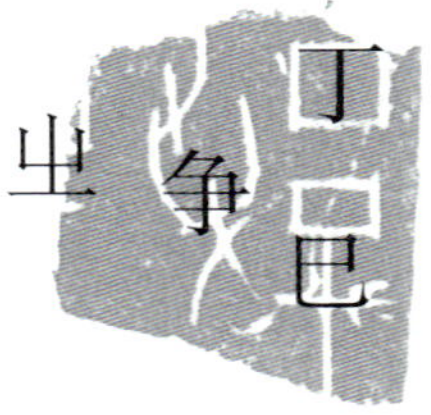

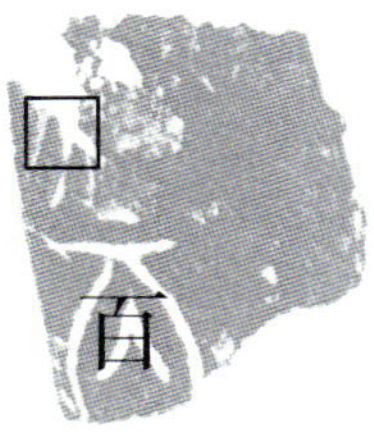

一四一　丁巳争問等事

本甲正反面各存辭一條。

〔正面〕

（一）丁巳☐争☐㞢☐

〔反面〕

（一）☐□［百］☐

【備注】

組類：賓組

材質：龜腹甲

尺寸：長一・九、寬一・六厘米

著録：《謝》一四五

來源：一九五七年三月十三日滬購

院藏號：新一六〇一八四

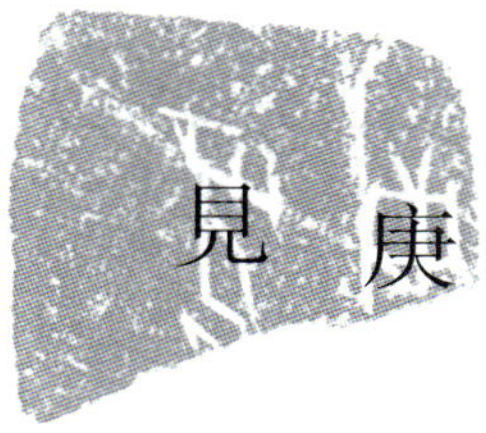

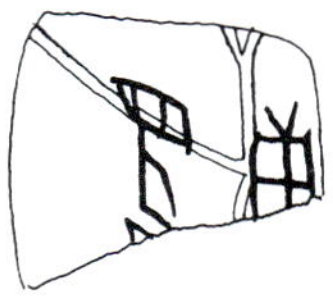
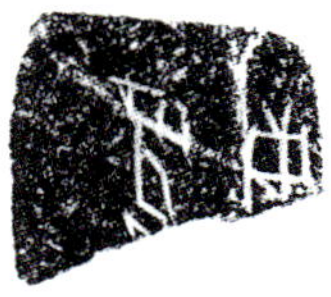

一四二　庚日問見事

本甲正面存辭一條。反面無字。

（一）［庚］☐［見］☐

【備注】

組類：賓組

材質：龜腹甲

尺寸：長一・九、寬二・〇厘米

著録：《合補》二四七八

來源：一九五七年三月十三日滬購

院藏號：新一六〇二二九

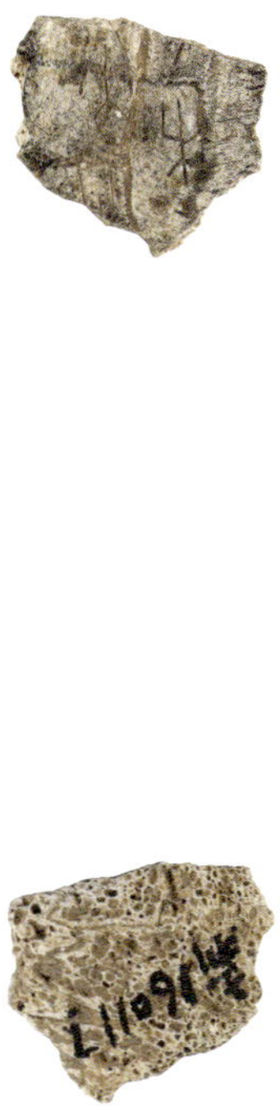
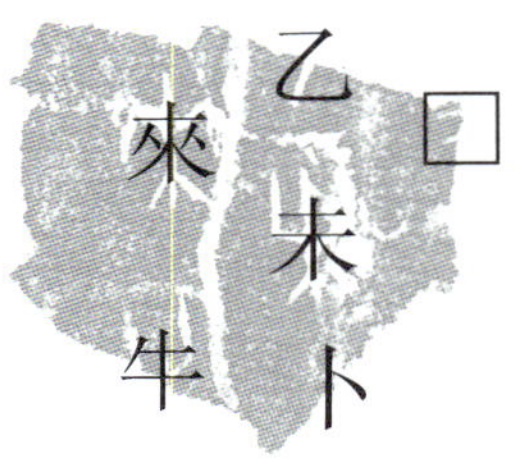

一四三　乙未卜與來牛等事

本甲正面存辭二條。反面無字。

（一）［乙］未［卜］，□〼

（二）〼來［牛］〼

【備注】

組類：賓組

材質：龜背甲

尺寸：長二·〇、寬二·〇厘米

著録：《京》二四〇〇、《謝》二四五、《合》九一八〇

來源：一九五七年三月十三日滬購

院藏號：新一六〇一一七

一四四　某日問𥁕五十事

本甲正面存辭一條。反面無字。

（一）☐𥁕〔一〕☐五十〔二〕☐　一

【簡釋】

〔一〕「𥁕」或比定作「匜（益）」「注」「易」等字。

〔二〕「五十」爲合文。

【備注】

組類：賓組

材質：龜腹甲

尺寸：長一・八、寬一・七厘米

著録：《合》一八五二六

來源：一九五七年三月十三日滬購

院藏號：新一六〇二九三

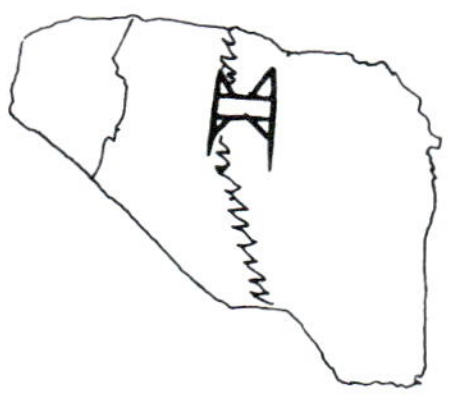

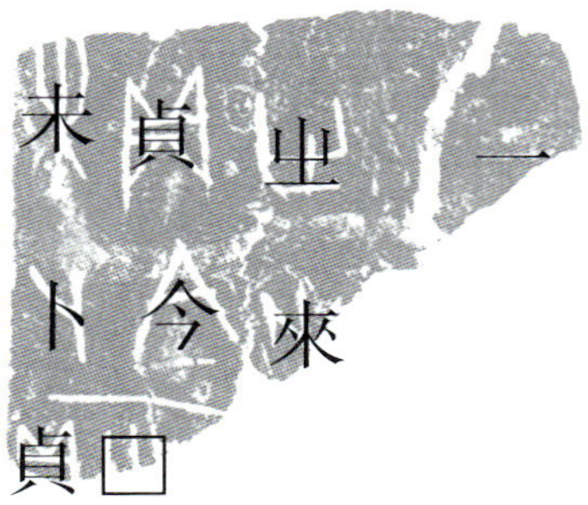

一四五　未日卜貞今有來某等事

本甲正面存辭二條，有界劃綫。反面存辭一條。

〔正面〕

（一）［貞］☐☐☐

（二）☐未卜☐貞：今☐㞢(有)［來］☐　一

〔反面〕

（一）☐貞☐

【備注】

組類：賓組

材質：龜背甲

尺寸：長二·六、寬三·二厘米

著録：〔正〕《京》一一八二、《謝》六七、《合補》一四九四

來源：一九五七年三月十三日滬購

院藏號：新一六〇一八五

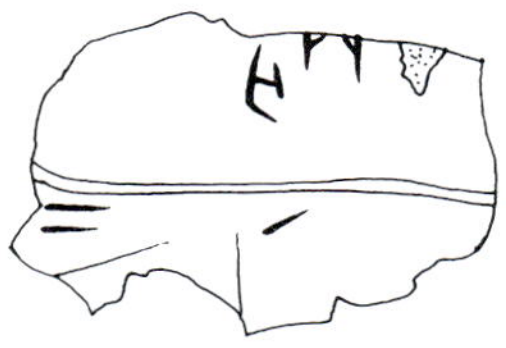

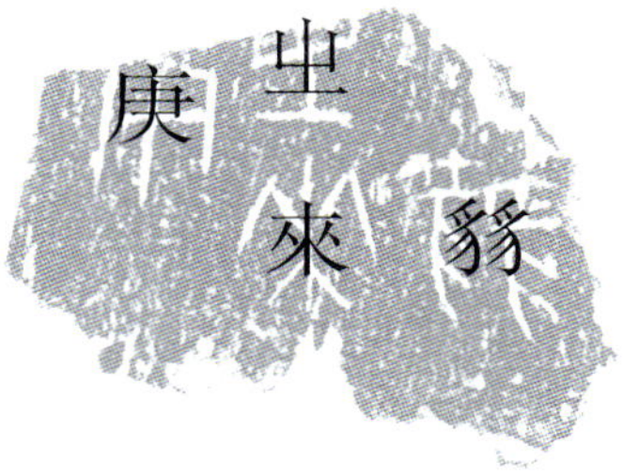

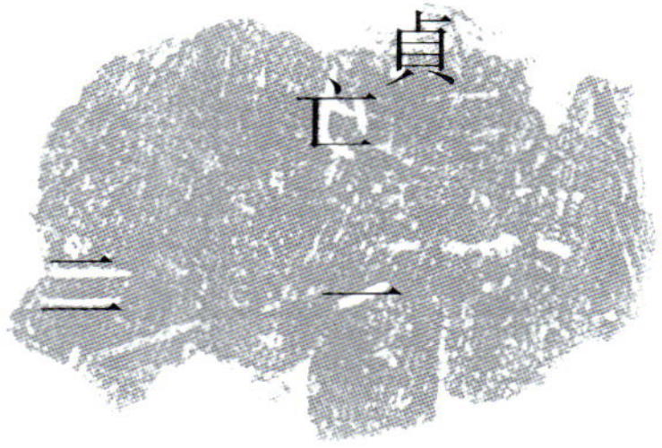

一四六　某日貞某事與庚有來豩等事

本骨正反面各存辭一條。

〔正面〕

（一）［貞］：亡⧄　一　二

〔反面〕

（一）庚⧄㞢（有）來⧄豩⧄

【備注】

組類：賓組

材質：牛肩胛骨

尺寸：長二·三、寬三·〇厘米

著録：〔反〕《京》二五八三、《謝》一七一、《合》一九四〇五

來源：一九五七年三月十三日滬購

院藏號：新一六〇二三八

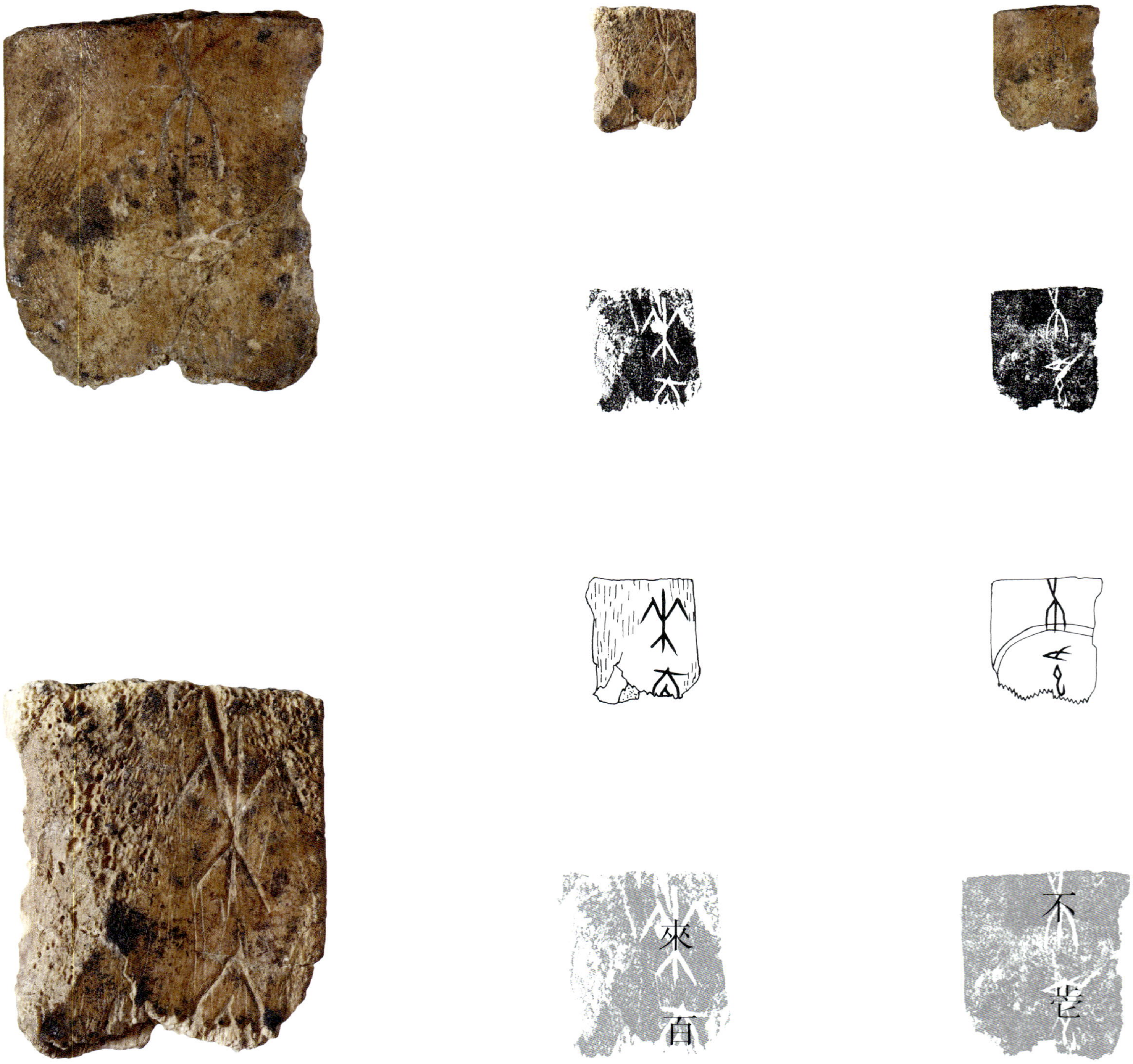

一四七　某日問不壱事與來百甲橋刻辭

本甲正反面各存辭一條。

〔正面〕

（一）☐不壱〔一〕。

〔反面〕

（一）☐來［百］。

【簡釋】

〔一〕「壱」或比定作「蚩」字，讀作「害」。

【備注】

組類：賓組

材質：龜腹甲

尺寸：長二・三、寬一・八厘米

著録：〔正〕《京》一八；〔反〕《京》一九；〔正反〕《謝》一三九、《合》九二〇八

來源：一九五七年三月十三日滬購

院藏號：新一六〇〇四二

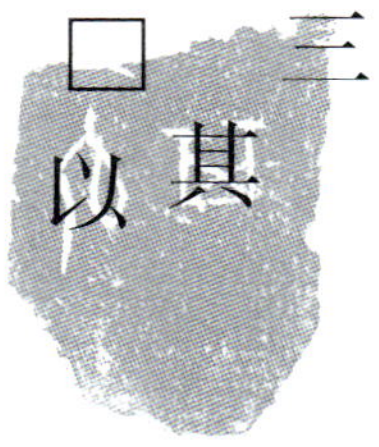

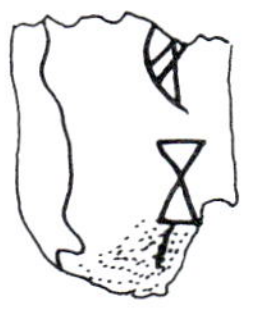

一四八　其以等字殘辭與龜五百甲橋刻辭

本甲正反面各存辭一條。

〔正面〕

（一）☐其☐☐以。　三

〔反面〕

（一）☐［龜］五［百］。〔一〕

【簡釋】

〔一〕本甲反面字口塗朱。

【備注】

組類：賓組

材質：龜腹甲

尺寸：長二・〇、寬一・三厘米

著録：〔正〕《京》五八、〔反〕《京》五九、《謝》三一七、《合》九一八三

來源：一九五七年三月十三日滬購

院藏號：新一六〇四一八

一四九　以二告王曰等字殘辭

本甲正面存辭二條。反面存辭一條。

〔正面〕

（一）☐以☐　一

（二）　二告

〔反面〕

（一）☐王☐曰☐□☐

【備注】

組類：賓組

材質：龜腹甲

尺寸：長一・九、寬二・〇厘米

著録：〔正〕《京》一〇一二、《謝》三九二、《合》九一五三

來源：一九五七年三月十三日滬購

院藏號：新一六〇一二七

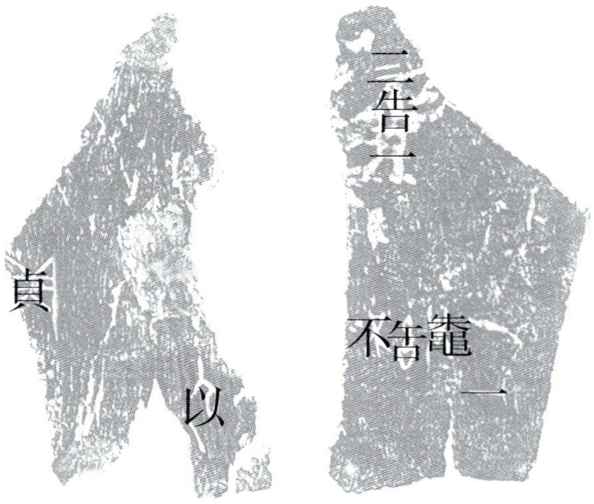

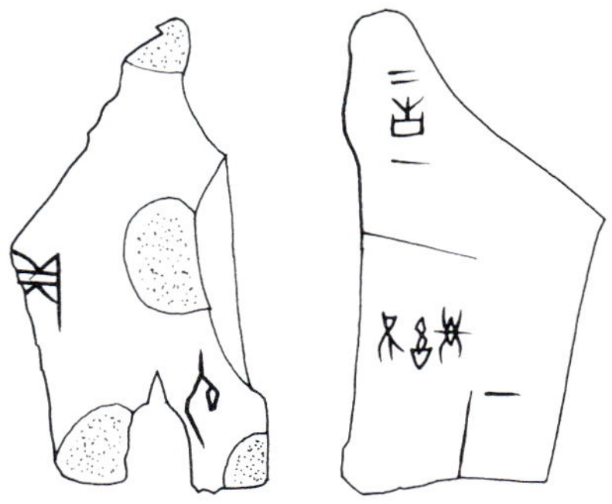

一五〇　一不告黿二告貞以等字殘辭

本骨正面存辭三條。反面存辭一條。

〔正面〕

（一）一

（二）一　不告黿

（三）二告

〔反面〕

（一）☐貞☐以☐

【備注】

組類：賓組

材質：牛肩胛骨

尺寸：長四・三、寬二・〇厘米

著録：《謝》七四

來源：一九五七年三月十三日滬購

院藏號：新一六〇二八〇

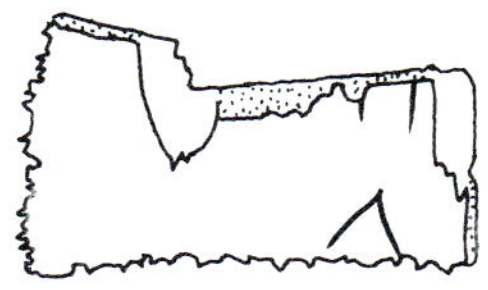
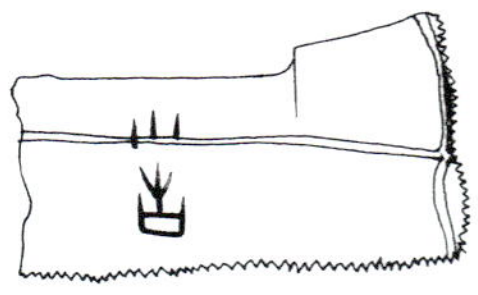

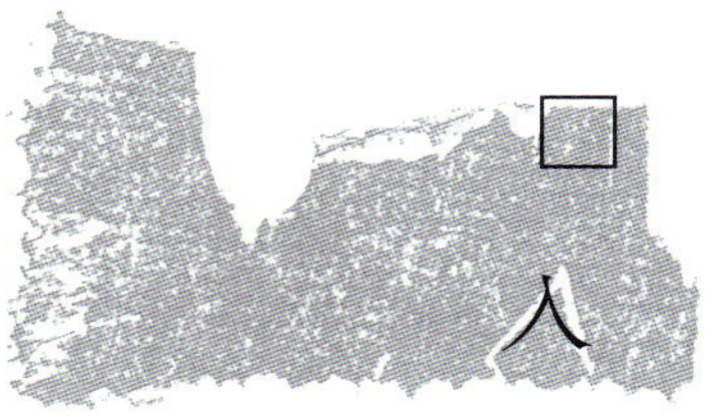

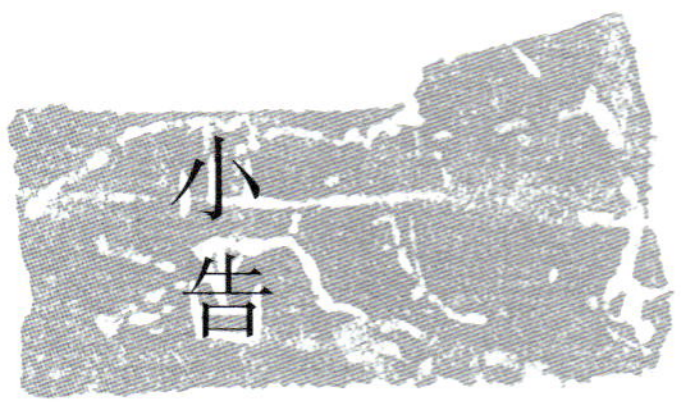

一五一　小告入等字殘辭

本甲正反面各存辭一條。

〔正面〕

（一）小告

〔反面〕

（一）☐☐入☐

【備注】

組類：賓組

材質：龜腹甲

尺寸：長三・一、寬一・八厘米

著録：未見

來源：一九五七年三月十三日滬購

院藏號：新一六〇一五一

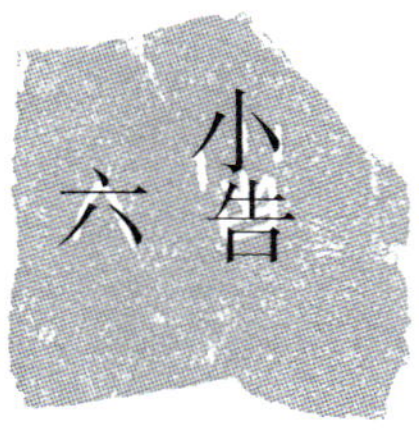

一五二　六小告等字殘辭

本甲正面存辭二條，反面無字。

（一）六

（二）小告

【備注】

組類：賓組

材質：龜腹甲

尺寸：長一・九、寬一・七厘米

著録：未見

來源：一九五七年三月十三日滬購

院藏號：新一六〇〇八六

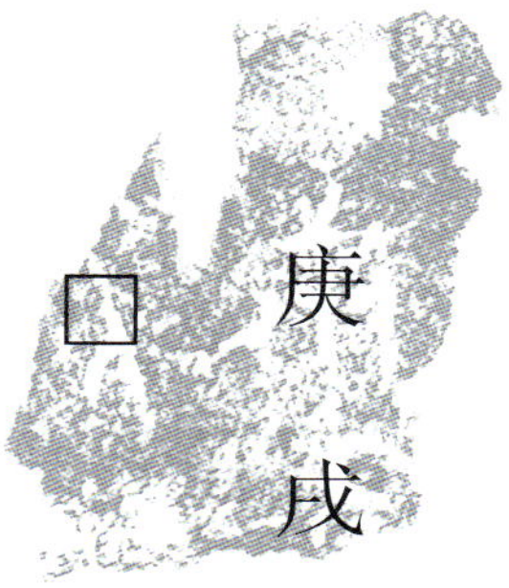

一五三　己酉㱿貞翌等事

本甲正反面各存辭一條。

〔正面〕

（一）己酉☐㱿貞：［翌］☐　一

〔反面〕

（一）庚［戌］☐□☐〔二〕

【簡釋】

〔一〕本甲字口填墨。另，展翔遥綴本甲與《合補》三二一三三，指出二者可能爲一版之折（《殷契綴合第七至十則》第十則）。按，本甲爲中甲右半及右前甲一部分，《合補》三二一三三現藏于國家圖書館，爲中甲左半、左前甲及左首甲一部分。展文示意圖版不确。

【備注】

組類：賓組

材質：龜腹甲

尺寸：長二·八、寬二·一厘米

著録：《京》二三八九、《謝》三〇〇

來源：一九五七年三月十三日滬購

院藏號：新一六〇一四五

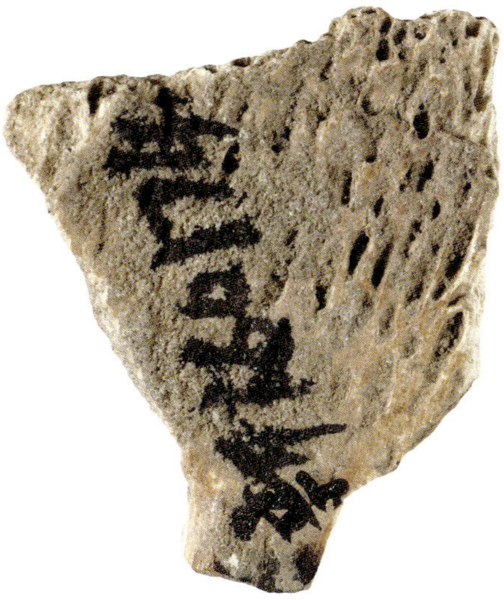

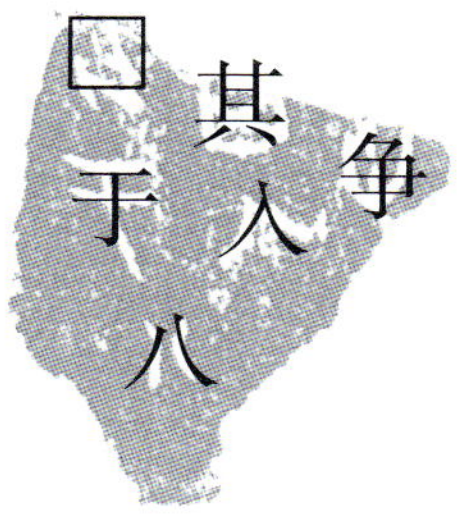

一五四　某日争問其入某事

本骨正面存辭一條。反面無字。

（一）☐［争］☐［其］入☐☐〔一〕于☐　八

【簡釋】

〔一〕殘字从「卩」。

【備注】

組類：賓組
材質：牛肩胛骨
尺寸：長二·三、寬一·八厘米
著録：《京》一五九四、《謝》二八五、《合》一九七二六
來源：一九五七年三月十三日滬購
院藏號：新一六〇一七四

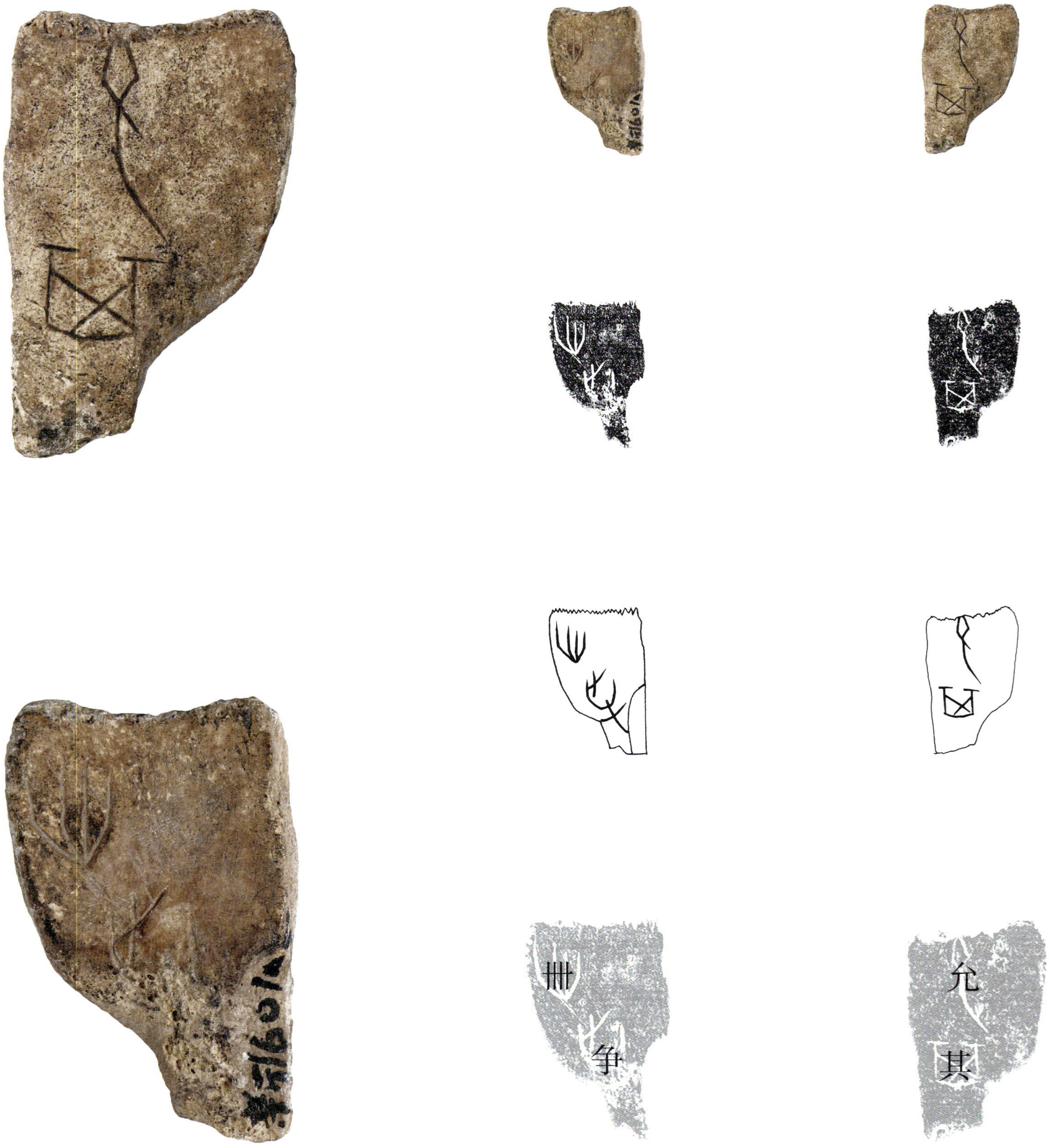

一五五　某日問允其某事與冊争甲橋刻辭

本甲正反面各存辭一條。

〔正面〕

（一）☐［允］其☐[一]

〔反面〕

（一）☐冊（四十）。［争］。

【簡釋】

〔一〕本甲正面字口填墨。

【備注】

組類：賓組

材質：龜腹甲

尺寸：長二・九、寬一・八厘米

著録：〔正〕《京》三七；〔反〕《京》三八；〔正反〕《謝》三七、《合》三七五九

來源：一九五七年三月十三日滬購

院藏號：新一六〇一〇五

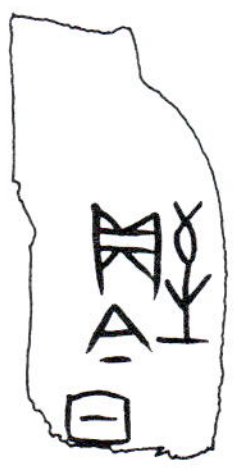

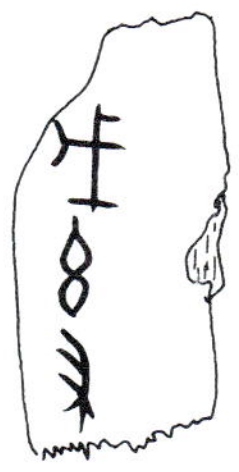

一五六　某日貞今日至與戊午婦某甲橋刻辭

本甲正面存辭一條，有界劃綫。反面存辭一條。

〔正面〕

（一）貞：今日至。

〔反面〕

（一）戊午，帚（婦）☐

【備注】

組類：賓組

材質：龜腹甲

尺寸：長三・一、寬一・五厘米

著録：〔正〕《京》二三八〇、《謝》三七五；

〔正反〕《合》一九四五〇

來源：一九五七年三月十三日滬購

院藏號：新一六〇一〇八

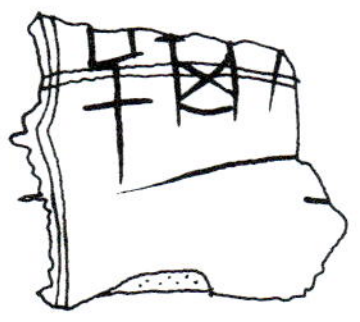
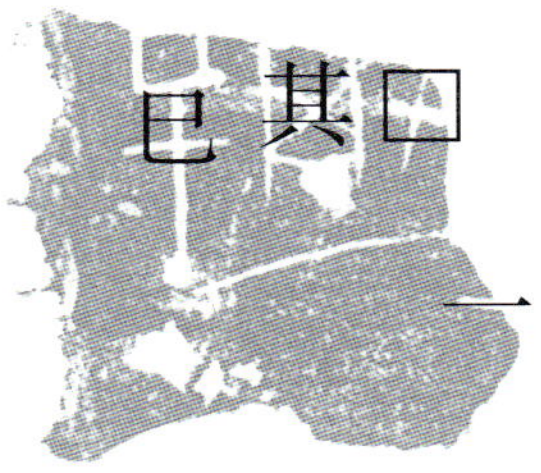

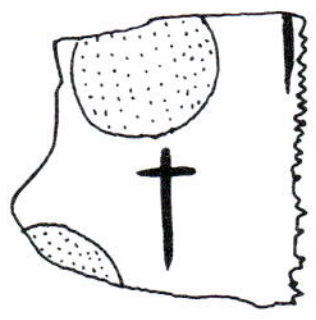

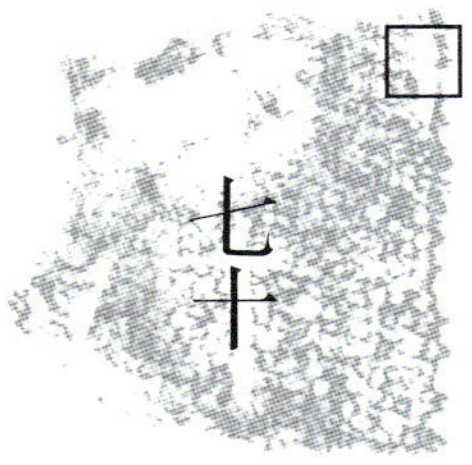

一五七　巳日問等事

本甲正面存辭二條。反面存辭一條。

〔正面〕

（一）一

（二）☐巳☐其☐□☐

〔反面〕

（一）☐□七十〔二〕☐

【簡釋】

〔一〕「七十」爲合文。

【備注】

組類：賓組

材質：龜腹甲

尺寸：長二·一、寬二·三厘米

著録：〔正〕《謝》二一八

來源：一九五七年三月十三日滬購

院藏號：新一六〇一〇四

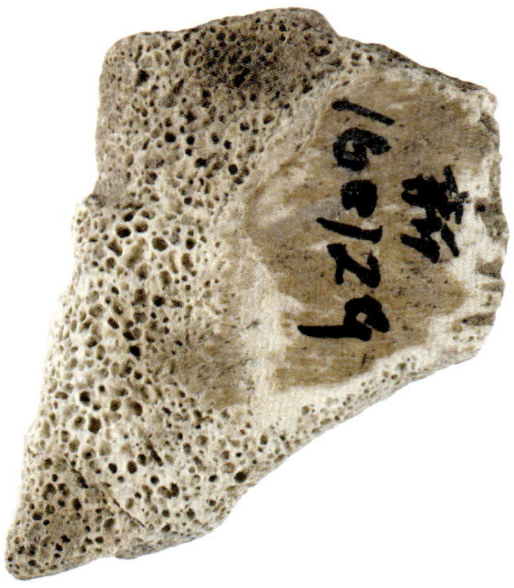

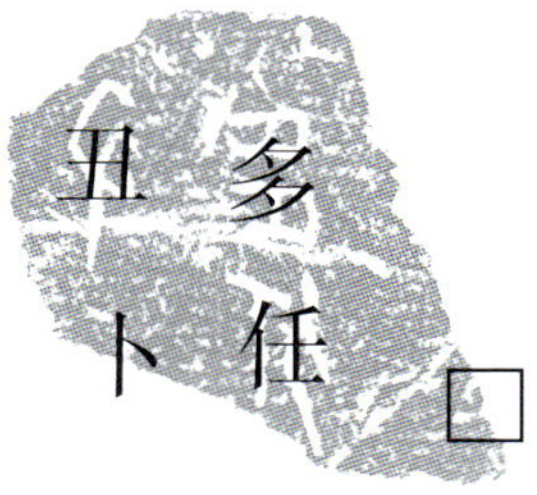

一五八　丑日卜多任事

本甲正面存辭一條。反面無字。

（一）☐丑［卜］☐多［任］☐□☐

【備注】

組類：賓組

材質：龜腹甲

尺寸：長二・二、寬一・八厘米

著録：《京》七九九、《謝》一六八、《合》一九〇三四

來源：一九五七年三月十三日滬購

院藏號：新一六〇一二九

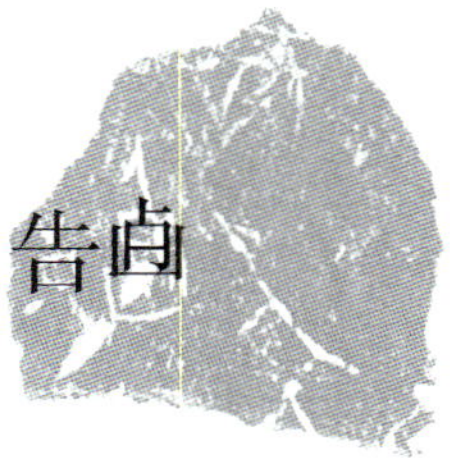

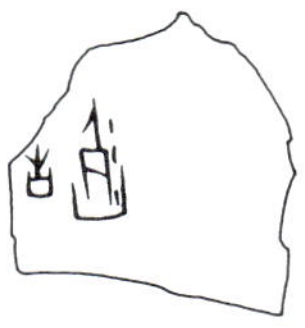

一五九　某日問卣事

本甲正面存辭一條。反面無字。

（一）☐卣〔一〕☐　告

【簡釋】

〔一〕「卣」或比定作「阱」字。

【備注】

組類：賓組

材質：龜腹甲

尺寸：長二・一、寬一・八厘米

著録：未見

來源：一九五七年三月十三日滬購

院藏號：新一六〇四〇七

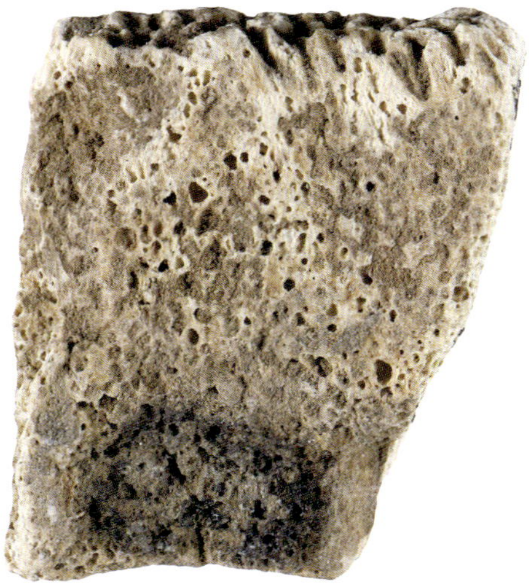

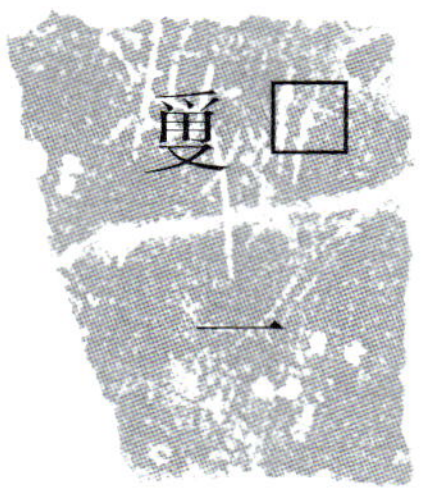

一六〇　某日問叀事

本甲正面存辭一條。反面無字。

（一）☒□☒［叀］☒　一

【備注】

組類：賓組

材質：龜腹甲

尺寸：長二·二、寬一·七厘米

著録：未見

來源：一九五七年三月十三日滬購

院藏號：新一六〇一三九

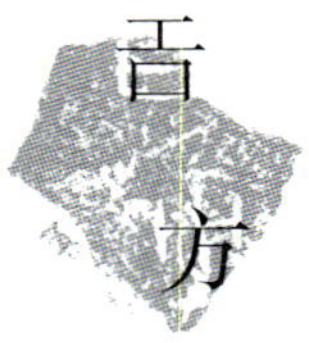

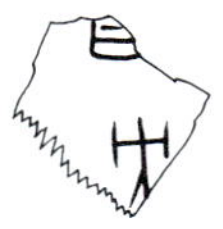

一六一　某日問舌方事

本甲正面存辭一條。反面無字。

（一）〼［舌方］〼

【備注】

組類：賓組

材質：龜腹甲

尺寸：長一・四、寬一・三厘米

著録：未見

來源：一九五七年三月十三日滬購

院藏號：新一六〇四三五

一六二　某日問某方事

本骨正面存辭一條。反面無字。

（一）☐甲☐［方］亦☐〔一〕

【簡釋】

〔一〕本骨字口塗朱。

【備注】

組類：賓組

材質：牛肩胛骨

尺寸：長一・八、寬一・六厘米

著録：未見

來源：一九五七年三月十三日滬購

院藏號：新一六〇四二三

一六三　某日問下危等事

本骨正面存辭二條。反面無字。

（一）☐［辛］☐

（二）☐［下危］〔一〕□☐〔二〕

【簡釋】

〔一〕「危」或比定作「皃（辯）」字。

〔二〕本骨字口填墨。

【備注】

組類：賓組

材質：牛肩胛骨

尺寸：長四・九、寬二・八厘米

著録：《合補》一八八七

來源：一九五七年三月十三日滬購

院藏號：新一六〇二三五

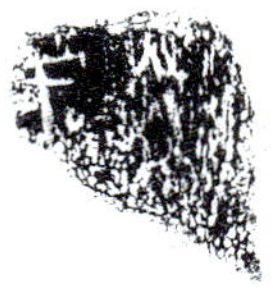

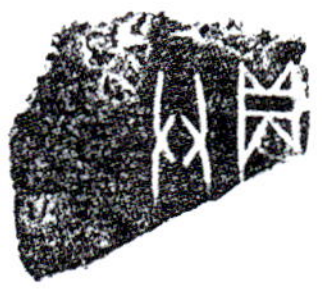

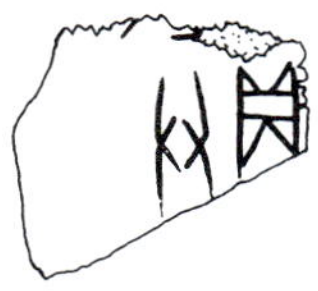

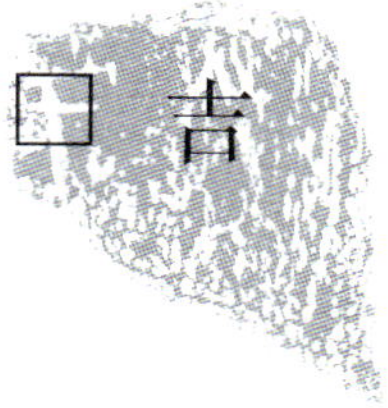

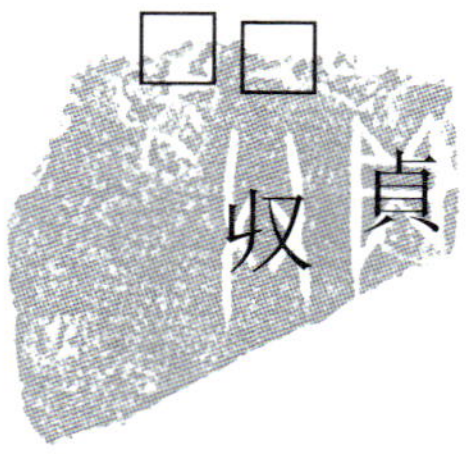

一六四　某日貞収等事

本甲正面存辭二條。反面存辭一條。

〔正面〕

（一）⧄貞⧄□収⧄

（二）⧄□⧄

〔反面〕

（一）⧄□⧄吉。

【備注】

組類：賓組

材質：龜腹甲

尺寸：長一・九、寬二・○厘米

著録：〔正〕《謝》二七九

來源：一九五七年三月十三日滬購

院藏號：新一六○一三一

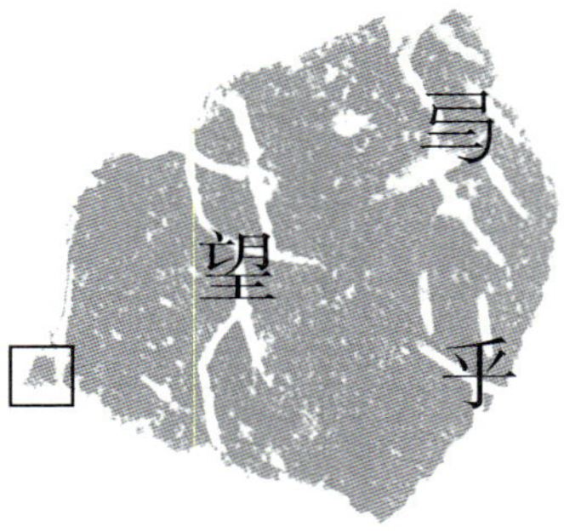

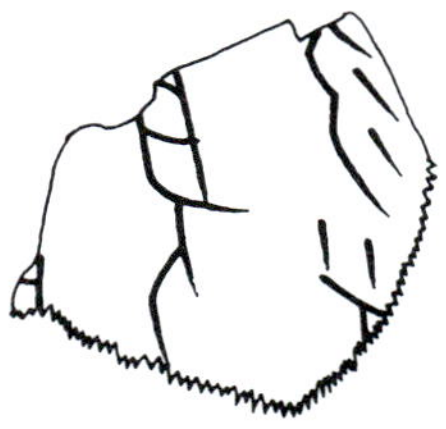

一六五　某日問勿呼望事

本甲正面存辭一條。反面無字。

（一）〼[弖(勿)乎(呼)]〼[望]〼□〼

【備注】

組類：賓組

材質：龜腹甲

尺寸：長二・八、寬二・三厘米

著録：《京》一三九一、《謝》一四四、《合補》二〇三三

來源：一九五七年三月十三日滬購

院藏號：新一六〇〇七五

一六六　甲日貞勿出兵事

本甲正面存辭一條。反面無字。

（一）甲☐貞：弓（勿）出兵☐〔一〕

【簡釋】

〔一〕本甲可遥綴《合》七二〇四，詳見嚴一萍綴，《綴彙》第五四四組。

【備注】

組類：賓組

材質：龜腹甲

尺寸：長三・五、寬一・七厘米

著録：《京》一五三一、《謝》一七〇、《合》七二〇五

來源：一九五七年三月十三日滬購

院藏號：新一六〇〇六九

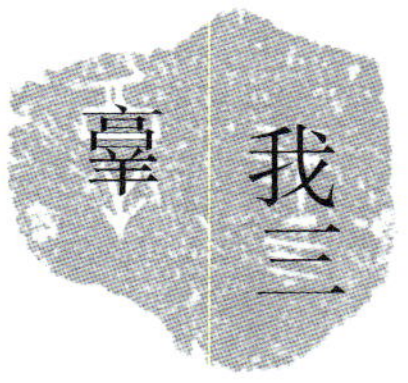

一六七　某日問𦎫我事

本甲正面存辭一條。反面無字。

（一）□𦎫□我□　三

【備注】

組類：賓組

材質：龜腹甲

尺寸：長一・七、寬一・八厘米

著錄：《謝》二四一、《合補》二一八一

來源：一九五七年三月十三日滬購

院藏號：新一六〇一六四

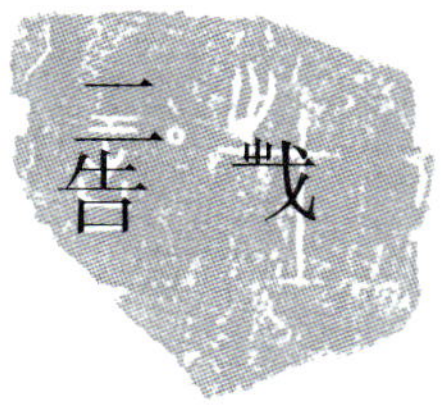

一六八　某日問𢦔事

本甲正面存辭一條。反面無字。

（一）☐𢦔〔一〕☐　二告

【簡釋】

〔一〕「𢦔」或比定作「捷」「翦」等字。

【備注】

組類：賓組

材質：龜腹甲

尺寸：長一・八、寬一・四厘米

著録：未見

來源：一九五七年三月十三日滬購

院藏號：新一六〇四四一

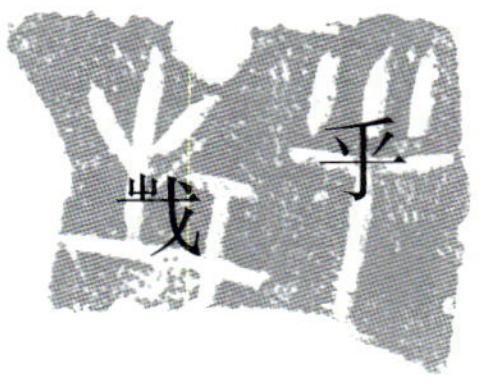

一六九　某日問呼某𢦏事

本甲正面存辭一條。反面無字。

（一）　☐乎（呼）☐［𢦏］〔一〕☐

【簡釋】

〔一〕「𢦏」或比定作「捷」「翦」等字。又，本甲字口塗朱。

【備注】

組類：賓組

材質：龜腹甲

尺寸：長一・七、寬二・〇厘米

著録：未見

來源：一九五七年三月十三日滬購

院藏號：新一六〇二三六

一七〇　某日内問戠事

本甲正面存辭一條。反面無字。

（一）　〼内〼戠〔一〕〼

【簡釋】

〔一〕「戠」或比定作「捷」「翦」等字。

【備注】

組類：賓組
材質：龜腹甲
尺寸：長二・三、寬一・八厘米
著録：未見
來源：一九五七年三月十三日滬購
院藏號：新一六〇〇二二

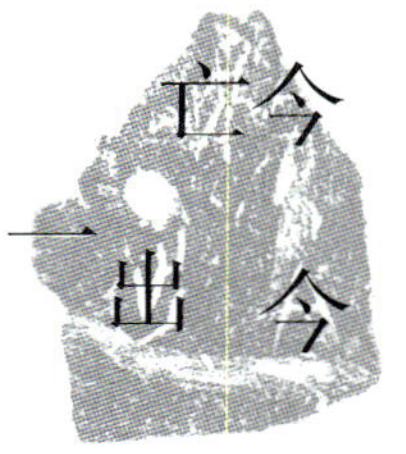

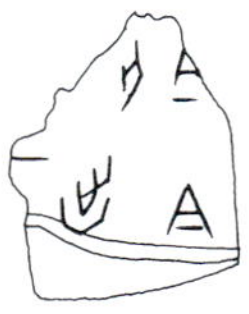

一七一　某日問今出等事

本甲正面存辭二條。反面無字。

（一）☐今☐出☐　一

（二）☐［今］☐亡☐

【備注】

組類：賓組

材質：龜甲

尺寸：長二・〇、寬二・〇厘米

著録：《謝》二三〇

來源：一九五七年三月十三日滬購

院藏號：新一六〇一二三

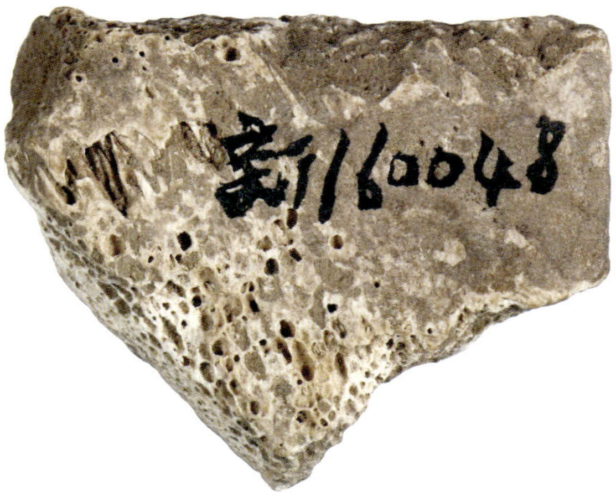

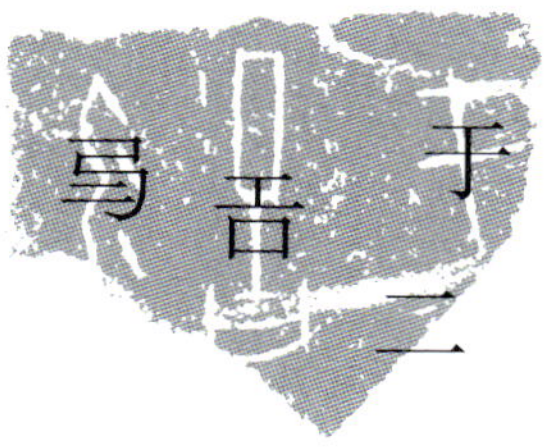

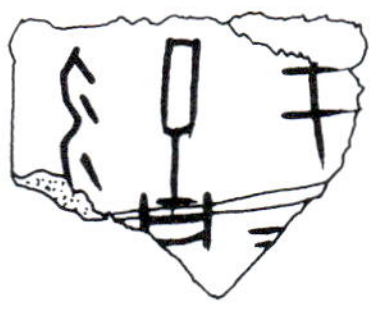

一七二　某日問勿舌方事

本甲正面存辭一條。反面無字。

（一）⧄弓（勿）⧄舌⧄于⧄［二］

【備注】

組類：賓組

材質：龜腹甲

尺寸：長二・〇、寬二・五厘米

著録：《京》一二四〇、《謝》二三二

來源：一九五七年三月十三日滬購

院藏號：新一六〇〇四八

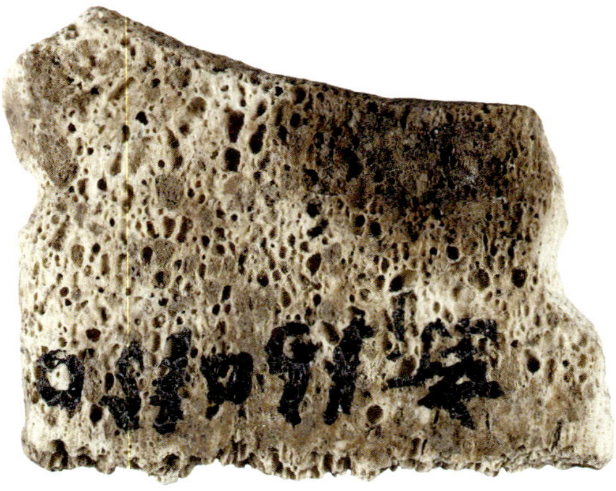

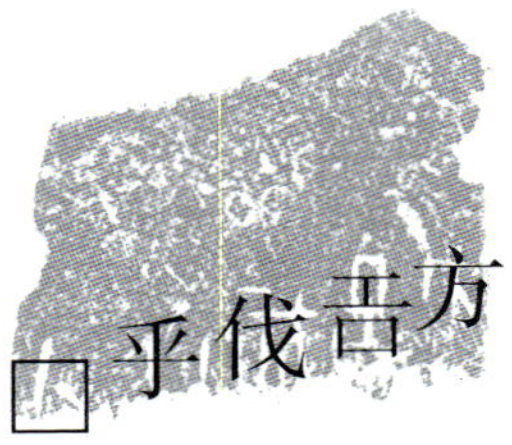

一七三　某日問呼伐舌方事

本甲正面存辭一條。反面無字。

（一）〼□［乎（呼）伐舌方］。

【備注】

組類：賓組

材質：龜腹甲

尺寸：長一・九、寬二・二厘米

著録：《合》六二二九〇

來源：一九五七年三月十三日滬購

院藏號：新一六〇一五〇

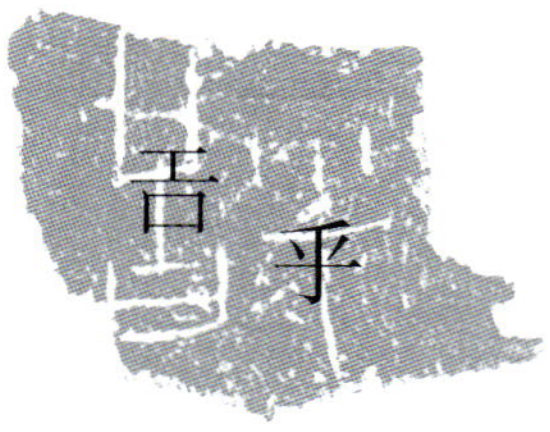

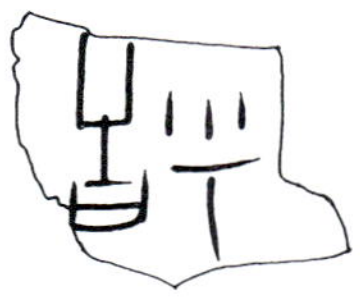

一七四　某日問呼舌方事

本甲正面存辭一條。反面無字。

（一）□乎（呼）□舌□

【備注】

組類：賓組

材質：龜腹甲

尺寸：長一・九、寬一・五厘米

著録：《京》一二五〇、《謝》二八一

來源：一九五七年三月十三日滬購

院藏號：新一六〇三九〇

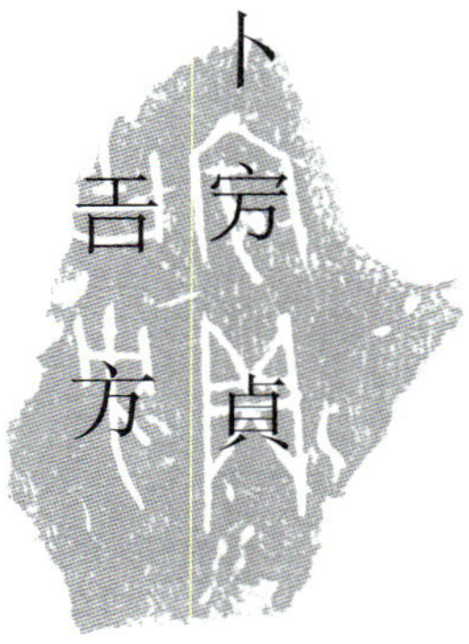

一七五　某日㝑貞舌方事

本甲正面存辭一條。反面無字。

（一）□卜，㝑貞□［舌］方□

【備注】

組類：賓組

材質：龜腹甲

尺寸：長三・〇、寬二・一厘米

著録：《京》一二五一、《謝》二二九、《合補》一八一一

來源：一九五七年三月十三日滬購

院藏號：新一六〇三六四

一七六　卯日卜殻貞弗其某事

本甲正面存辭一條。反面無字。

（一）⍁卯卜，[殻貞]：弗[其]⍁□□⍁

【備注】

組類：賓組

材質：龜腹甲

尺寸：長二・一、寬二・〇厘米

著録：《謝》二一七

來源：一九五七年三月十三日滬購

院藏號：新一六〇四九〇

一七七　某日問叀伐等事

本甲正面存辭二條。反面無字。

（一）☐叀☐伐　二

（二）二

【備注】

組類：賓組

材質：龜腹甲

尺寸：長二・〇、寬一・六厘米

著録：《京》一〇五三、《謝》二六九

來源：一九五七年三月十三日滬購

院藏號：新一六〇一二八

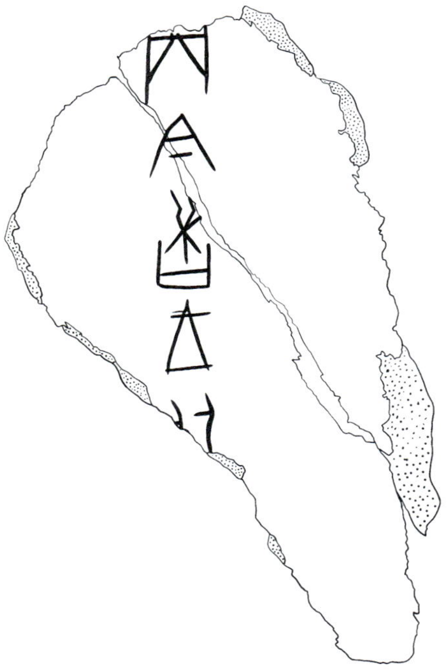

一七八　某日貞今⿱屮凵王比事

本骨正面存辭一條。反面無字。

（一）　☐［貞］：今⿱屮凵〔□〕王［比］☐

【簡釋】

［一］「⿱屮凵」或比定作「早」「春」等字。

【備注】

組類：賓組

材質：牛肩胛骨

尺寸：長九・〇、寬五・二厘米

著録：［右下］《合》七五五一

來源：一九五七年三月十三日滬購

院藏號：新一六〇三一七+新一六〇五一四

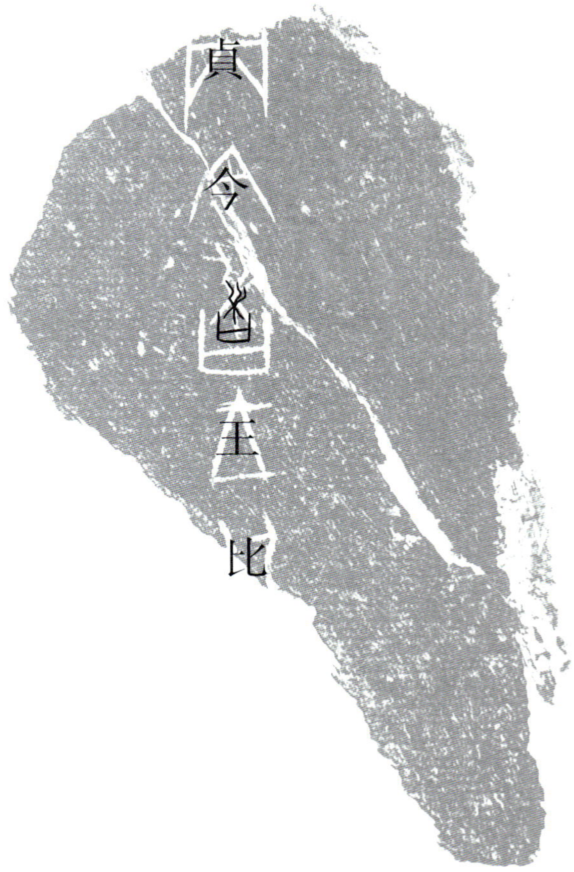
貞
今
⿱朩凵
王
比

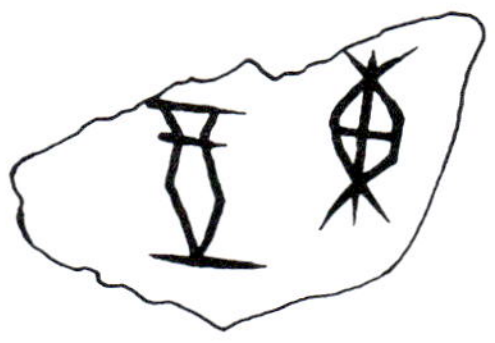

一七九　某日問東奠事

本甲正面存辭一條。反面無字。

（一）□東□奠□

【備注】

組類：賓組

材質：龜腹甲

尺寸：長二・二、寬一・一厘米

著録：未見

來源：一九五七年三月十三日滬購

院藏號：新一六〇四〇四

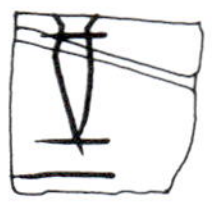
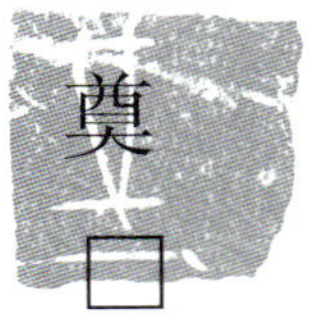

一八〇　某日問奠等事

本甲正反面各存辭一條。

〔正面〕

（一）☐［奠］□☐〔一〕

〔反面〕

（一）☐［以］□☐

【簡釋】

〔一〕本甲上邊緣及左側邊緣截鋸。

【備注】

組類：賓組

材質：龜腹甲

尺寸：長一・三、寬一・三厘米

著録：未見

來源：一九五七年三月十三日滬購

院藏號：新一六〇四三六

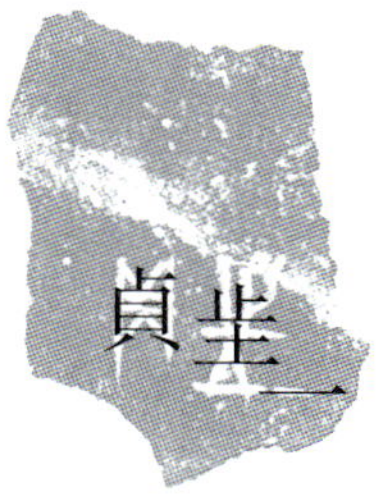

一八一　某日貞往某事

本甲正面存辭一條。反面無字。

（一）　貞☐生（往）☐　一

【備注】

組類：賓組

材質：龜腹甲

尺寸：長二・二、寬一・六厘米

著録：未見

來源：一九五七年三月十三日滬購

院藏號：新一六〇一七五

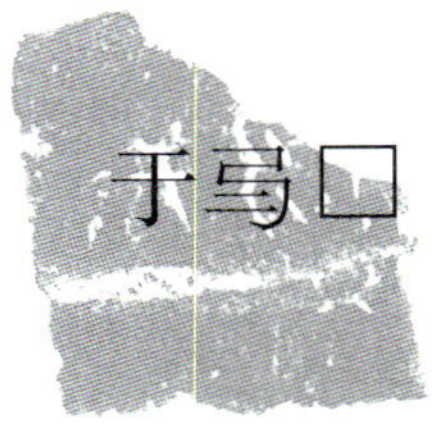

一八二一 某日問勿于某事

本甲正面存辭一條。反面無字。

（一） ☐□☐弓(勿)☐于☐〔一〕

【簡釋】

〔一〕本甲字口填墨。

【備注】

組類：賓組

材質：龜腹甲

尺寸：長一・九、寬一・七厘米

著録：未見

來源：一九五七年三月十三日滬購

院藏號：新一六〇三三四

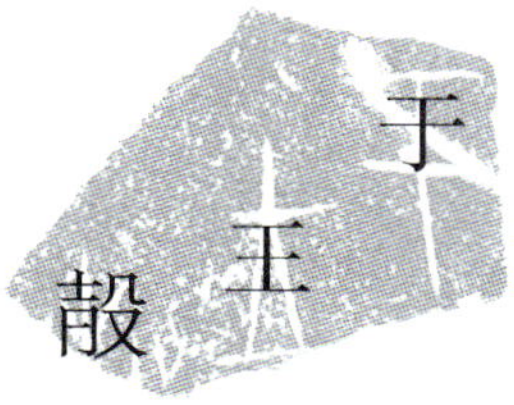

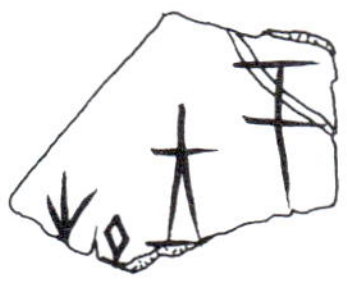

一八三　某日㱿問王于某事

本甲正面存辭一條。反面無字。

（一）☐［㱿］☐王☐于☐

【備注】

組類：賓組

材質：龜腹甲

尺寸：長一·八、寬二·七厘米

著録：《謝》二七四

來源：一九五七年三月十三日滬購

院藏號：新一六〇〇二三

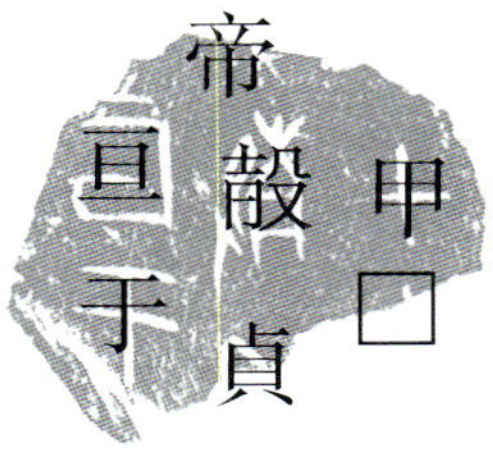

一八四　甲日𣪘貞亘于某與禘等事

本甲正面存辭二條。反面無字。

（一）甲□〼𣪘［貞］〼亘于〼

（二）〼［帝（禘）］〼

【備注】

組類：賓組

材質：龜腹甲

尺寸：長一・九、寬一・五厘米

著録：《謝》二八二

來源：一九五七年三月十三日滬購

院藏號：新一六〇四〇三

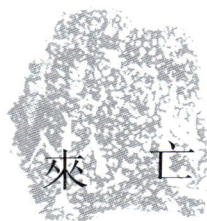

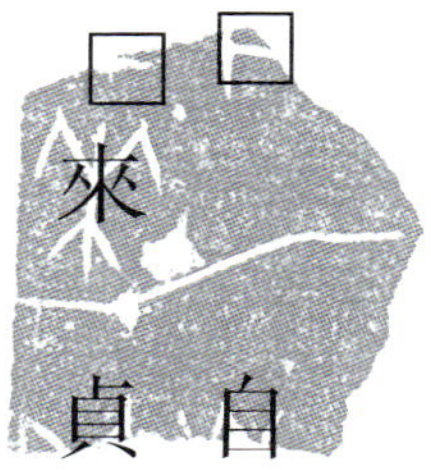

一八五　某日問來等事

本甲正面存辭二條，有界劃綫。反面存辭一條。

〔正面〕

（一）〔貞〕〼〔自〕〼

（二）〼□來〼□〼

〔反面〕

（一）〼亡〼來〼〔一〕

【簡釋】

〔一〕本甲正面字口填墨。另，本甲可綴《合補》六〇〇九，綴合後正面釋文可補爲「貞：㞢(有)〼自〔方〕」。／〼□來〼□」；反面釋文可補爲「〼亡其〼來〼」。詳見林宏明綴，《甲骨新綴第三九五例》。

【備注】

組類：賓組

材質：龜背甲

尺寸：長二・〇、寬一・八厘米

著録：〔正〕《謝》一七三

來源：一九五七年三月十三日滬購

院藏號：新一六〇〇八二

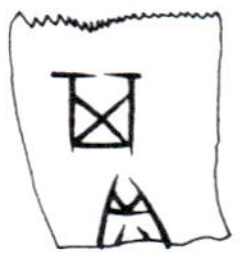
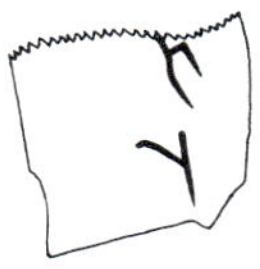

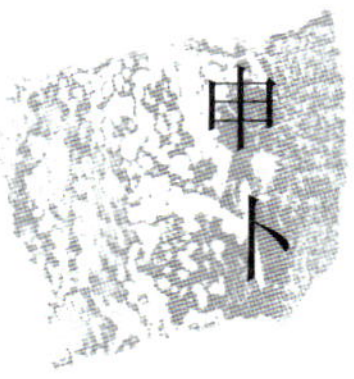

一八六　申日卜其得事

本甲正反面各存辭一條。

〔正面〕

（一）☐其［旻（得）］☐

〔反面〕

（一）☐［申］卜☐

【備注】

組類：賓組

材質：龜腹甲

尺寸：長一・七、寬一・四厘米

著録：未見

來源：一九五七年三月十三日滬購

院藏號：新一六〇四一二

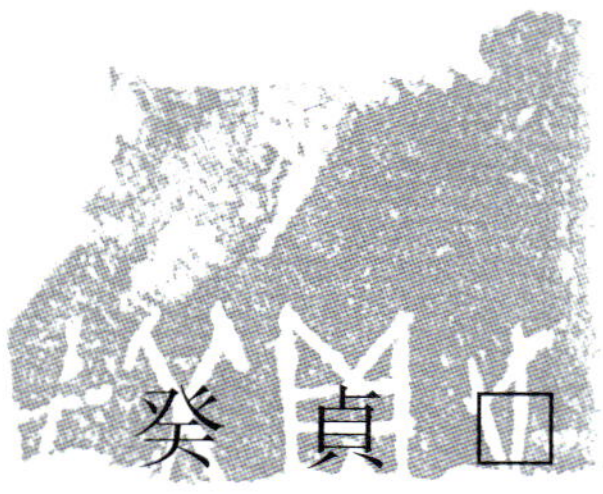

一八七　癸日貞某事

本骨正面存辭一條。反面無字。

（一）癸〼貞〼□〼

【備注】

組類：賓組

材質：牛肩胛骨

尺寸：長二・二、寬二・三厘米

著録：《謝》一六五

來源：一九五七年三月十三日滬購

院藏號：新一六〇一三七

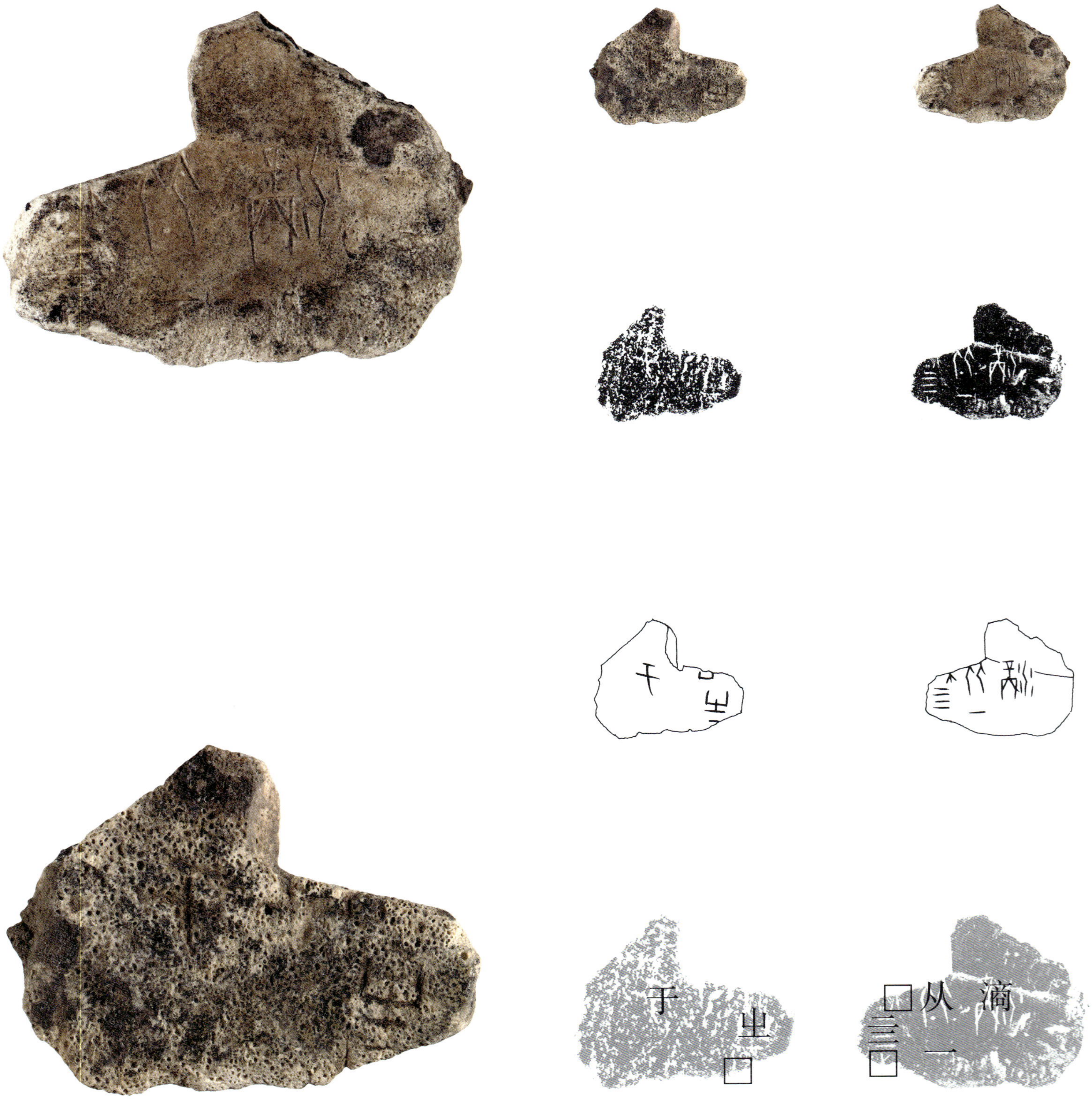

一八八　某日問从滴等事

本甲正反面各存辭一條。

〔正面〕

（一）☐□三（四）□☐［从］滴。　一

〔反面〕

（一）☐㞢□☐于☐

【備注】

組類：賓組

材質：龜腹甲

尺寸：長二・二、寬二・九厘米

著録：〔正〕《合》八三一四；〔正反〕《謝》二八七

來源：一九五七年三月十三日滬購

院藏號：新一六〇一七九

一八九　某日問在沘事

本甲正面存辭一條。反面無字。

（一）□又□才（在）沘〔一〕。

【簡釋】

〔一〕「沘」或比定爲「兆」字。

【備注】

組類：賓組

材質：龜腹甲

尺寸：長二・六、寬二・〇厘米

著録：《京》一五六三、《謝》二七六、《合》八三三八

來源：一九五七年三月十三日滬購

院藏號：新一六〇一三六

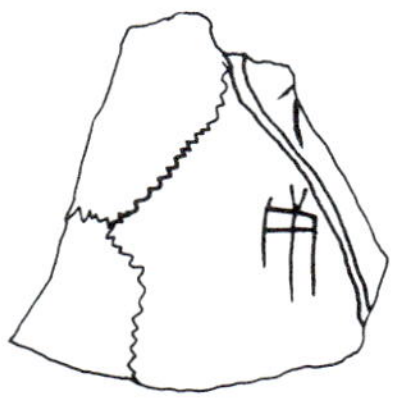

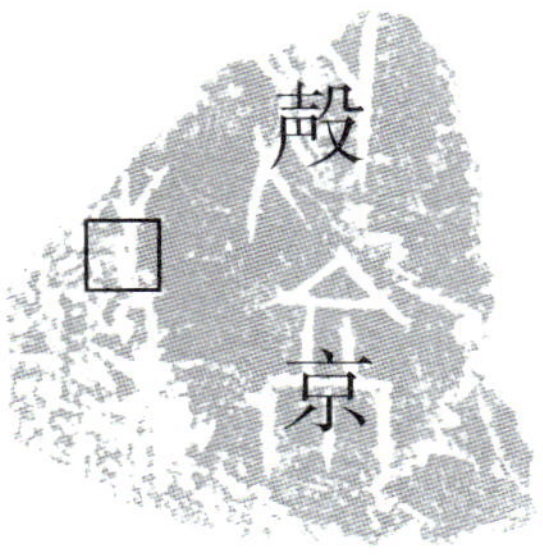

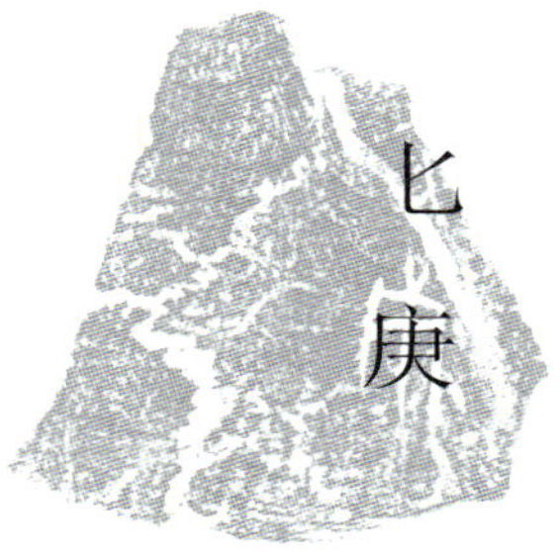

一九〇　某日問妣庚與殸京等事

本甲正反面各存辭一條。

〔正面〕

（一）⍁［匕（妣）］庚⍁

〔反面〕

（一）⍁□⍁［殸］京⍁

【備注】

組類：賓組

材質：龜甲

尺寸：長二・五、寬二・五厘米

著録：〔正反〕《謝》一四七；〔反〕《合》八〇三六

來源：一九五七年三月十三日滬購

院藏號：新一六〇四四九

一九一　戌日卜㝊問我受事

本甲正面存辭一條。反面無字。

（一）☐［戌］卜，㝊☐我［受］☐

【備注】

組類：賓組

材質：龜腹甲

尺寸：長二・八、寬二・一厘米

著録：《京》五三五、《謝》一八一、《合》九七〇二

來源：一九五七年三月十三日滬購

院藏號：新一六〇四五五

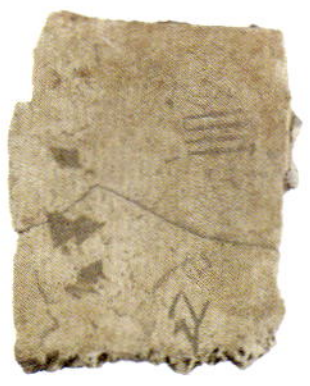

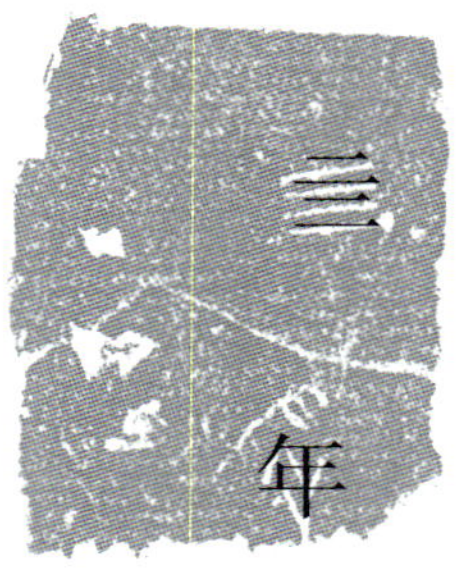

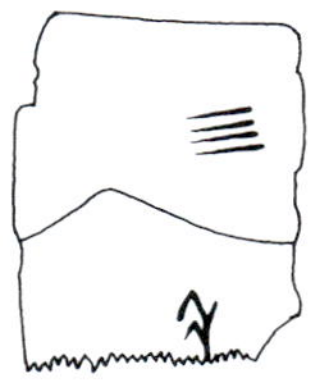

一九二　某日問年事

本甲正面存辭一條。反面無字。

（一）□［年］□　三（四）

【備注】

組類：賓組

材質：龜腹甲

尺寸：長二・五、寬二・〇厘米

著録：未見

來源：一九五七年三月十三日滬購

院藏號：新一六〇一五六

一九三　二月某日貞‖歪侯與今𥌓鼀其大禹等事

本甲正面存辭四條，有界劃綫。反面無字。

（一）☐㞢☐丑☐冬（終）一日☐𤖕（將）☐　三

（二）貞☐‖☐歪[一]☐侯。二月。　三

（三）☐疾☐

（四）［貞］：今𥌓，鼀［其］大禹，□才（在）□，用。　三[二]

【簡釋】

〔一〕「歪」或比定作「途」「𡋨（逪）」「達」等字。

〔二〕新一六〇三八〇（左下）爲謝伯殳舊藏，新七八五八二（右上）爲陳伏廬舊藏。詳見李延彥綴，《故宫博物院藏一版甲骨綴合淺析》。

【備注】

組類：賓組（典賓＋賓出）

材質：龜腹甲

尺寸：長八・〇、寬七・三厘米

著録：〔左下〕《合》六〇五四

來源：一九五七年三月十三日滬購＋一九五八年四月十二日滬購

院藏號：新一六〇三八〇＋新七八五八二

貞
其
□
□
今
大
才
三
用
暵
禹
鼄
疾
三
月
侯
三
垄
二
貞
冬
丑
服
一
日
阜

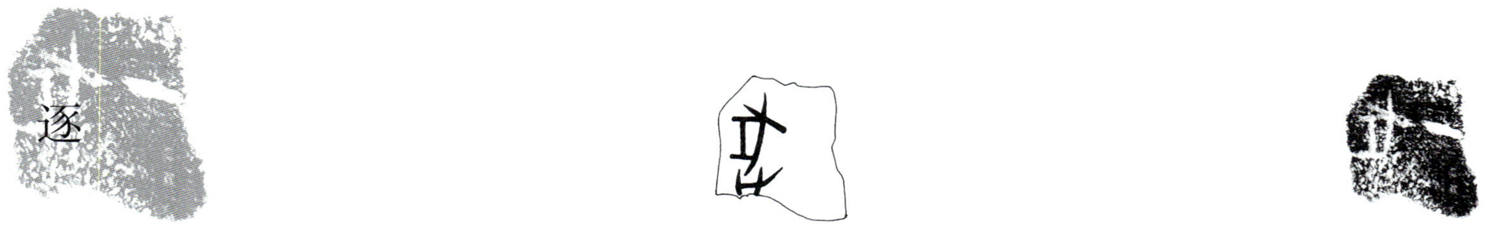

一九四　某日問逐事

本甲正面無字。反面存辭一條。

（一）☐［逐］☐〔一〕

【簡釋】

〔一〕本甲反面字口塗朱。

【備注】

組類：賓組

材質：龜腹甲

尺寸：長二・〇、寬一・六厘米

著録：未見

來源：一九五七年三月十三日滬購

院藏號：新一六〇三九二

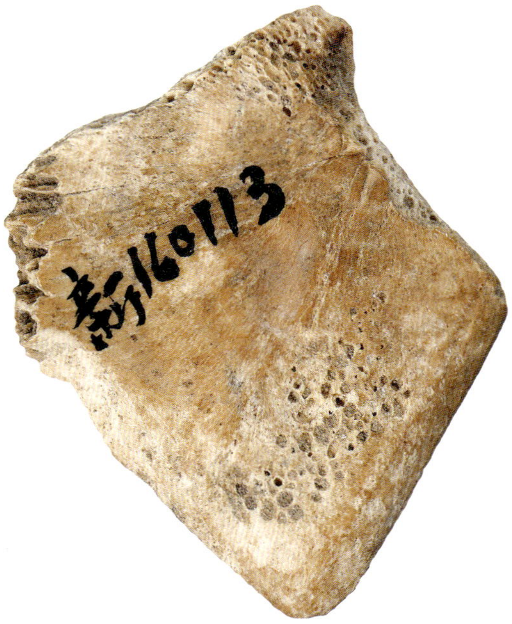

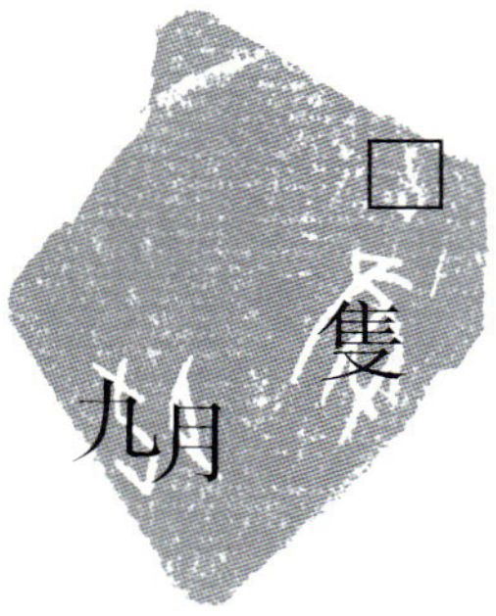

一九五　九月某日問獲某事

本甲正面存辭一條。反面無字。

（一）⍁□隻（獲）⍁九月〔一〕。

【簡釋】

〔一〕「九月」爲合文。

【備注】

組類：賓組

材質：龜腹甲

尺寸：長二・八、寬二・四厘米

著録：《謝》六六

來源：一九五七年三月十三日滬購

院藏號：新一六〇一一三

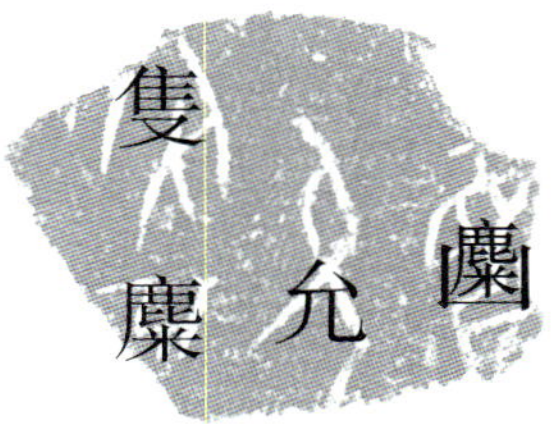

一九六　某日問陷允獲麋事

本甲正面存辭一條。反面無字。

（一）☐［⿴囗麋（陷）］☐允☐［隻（獲）麋］☐〔一〕

【簡釋】

〔一〕本甲字口填墨。

【備注】

組類：賓組

材質：龜腹甲

尺寸：長一・九、寬一・七厘米

著録：未見

來源：一九五七年三月十三日滬購

院藏號：新一六〇四二八

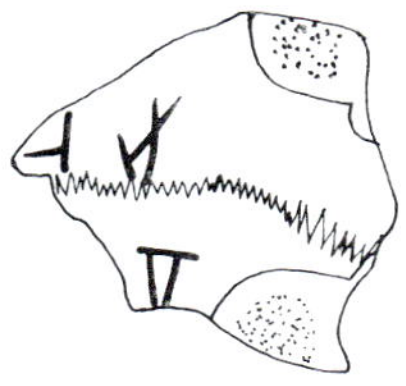
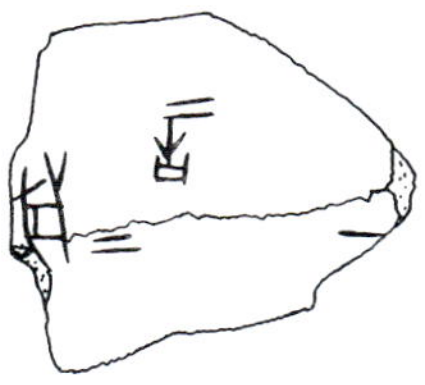

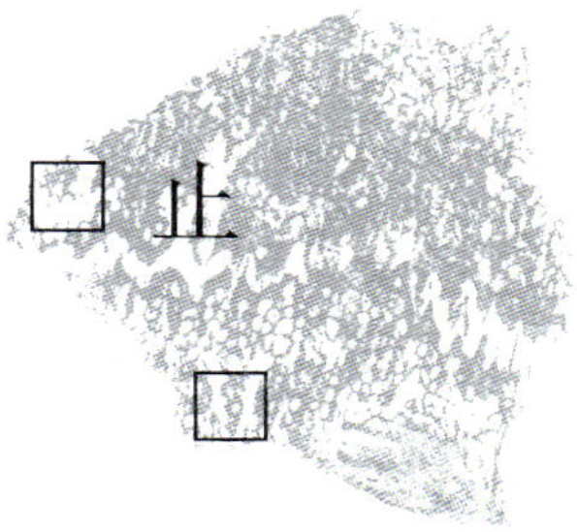

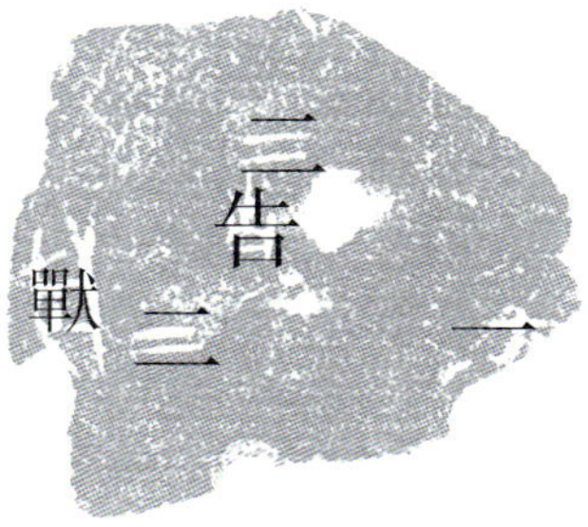

一九七　某日問狩等事

本甲正面存辭二條。反面存辭一條。

〔正面〕

（一）☐獸（狩）☐　一　二

（二）　二告〔一〕

〔反面〕

（一）☐止□☐□☐

【簡釋】

〔一〕本甲正面字口填墨。

【備注】

組類：賓組

材質：龜腹甲

尺寸：長二・五、寬二・八厘米

著録：未見

來源：一九五七年三月十三日滬購

院藏號：新一六〇一四八

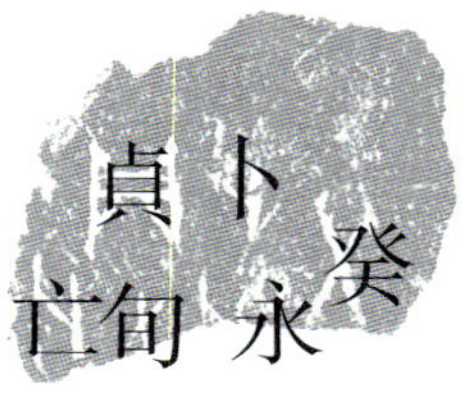

一九八　癸日卜永貞旬亡𡆥事

本甲正面存辭一條。反面無字。

（一）癸☐卜，[永]貞：[旬]亡☐

【備注】

組類：賓組

材質：龜腹甲

尺寸：長一・七、寬二・四厘米

著録：《謝》一七四

來源：一九五七年三月十三日滬購

院藏號：新一六〇一二四

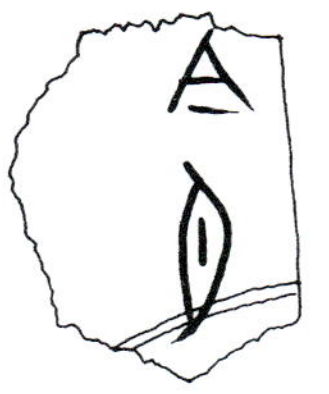
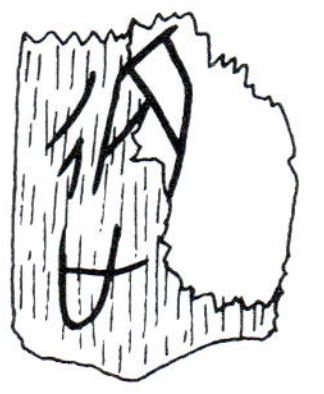
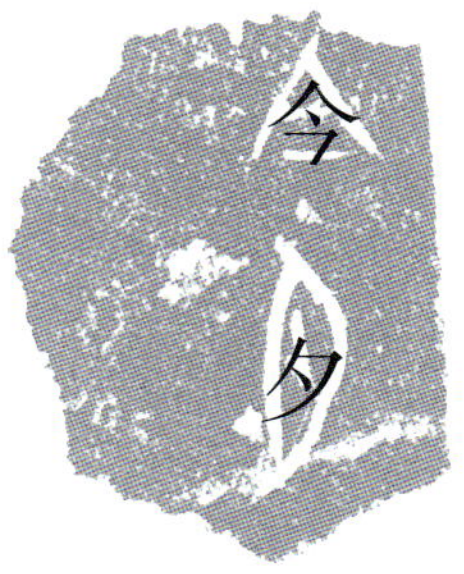

一九九　某日問今夕等事

本甲正反面各存辭一條。

〔正面〕

（一）☐今夕☐

〔反面〕

（一）☐[遘]☐

【備注】

組類：賓組

材質：龜背甲

尺寸：長二・六、寬一・九厘米

著録：《謝》一五三

來源：一九五七年三月十三日滬購

院藏號：新一六〇一一二

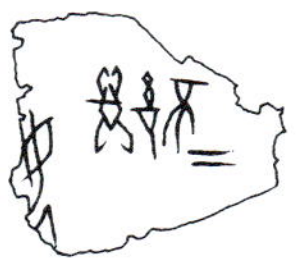

二〇〇　二不告黿等字殘辭

本甲正面存辭二條。反面無字。

（一）☐□〔一〕☐　二

（二）　不告黿

【簡釋】

〔一〕殘字从「女」。

【備注】

組類：賓組

材質：龜腹甲

尺寸：長一・七、寬二・〇厘米

著録：《謝》二六三

來源：一九五七年三月十三日滬購

院藏號：新一六〇〇八三

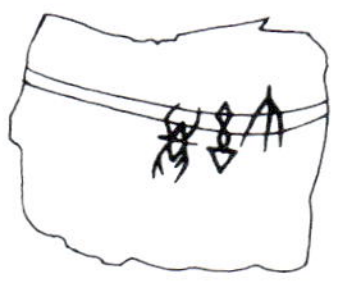

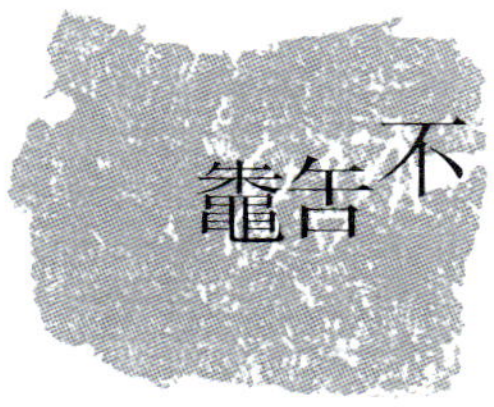

二〇一 不吿鼄殘辭

本甲正面存辭一條。反面無字。

（一） 不吿鼄

【備注】

組類：賓組

材質：龜腹甲

尺寸：長一・八、寬二・一厘米

著録：未見

來源：一九五七年三月十三日滬購

院藏號：新一六〇二三一

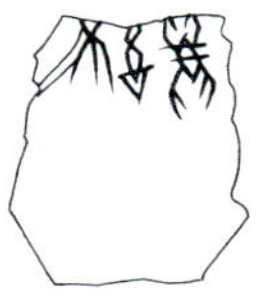

二〇二　不告黿殘辭

本甲正面存辭一條。反面無字。

（一）　不告黿

【備注】

組類：賓組

材質：龜腹甲

尺寸：長一・九、寬一・八厘米

著録：未見

來源：一九五七年三月十三日滬購

院藏號：新一六〇四二〇

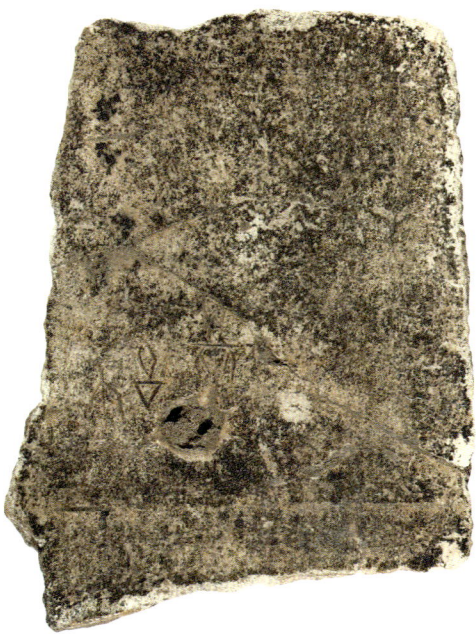

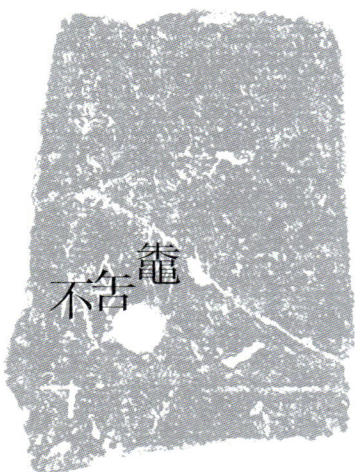

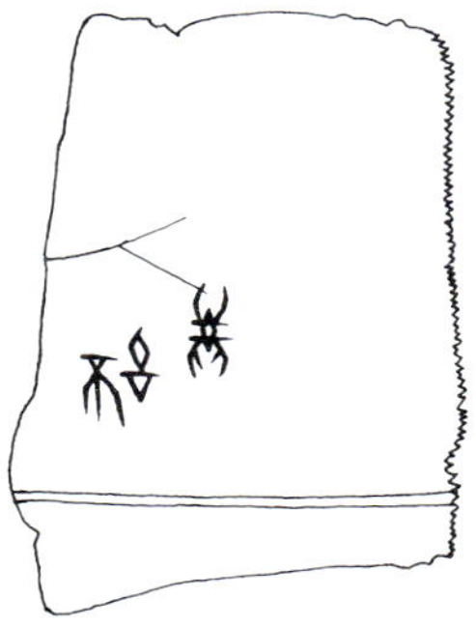

二〇三　不告黿殘辭

本甲正面存辭一條。反面無字。

（一）　不告黿

【備注】

組類：賓組

材質：龜腹甲

尺寸：長四・三、寬三・三厘米

著録：《謝》六四

來源：一九五七年三月十三日滬購

院藏號：新一六〇〇一六

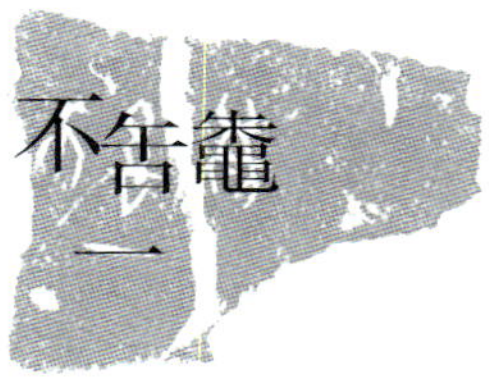

二〇四　一不告黿等字殘辭

本甲正面存辭二條。反面無字。

（一）一

（二）不告黿

【備注】

組類：賓組

材質：龜背甲

尺寸：長一・七、寬二・一厘米

著録：《謝》二五〇

來源：一九五七年三月十三日滬購

院藏號：新一六〇二三二

二〇五　不吿鼄殘辭

本甲正面存辭一條。反面無字。

（一）　不吿鼄

【備注】

組類：賓組

材質：龜腹甲

尺寸：長一・八、寬二・三厘米

著録：《謝》一八二

來源：一九五七年三月十三日滬購

院藏號：新一六〇三二一

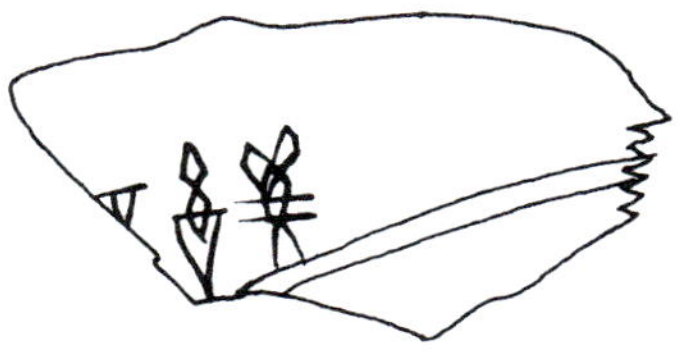

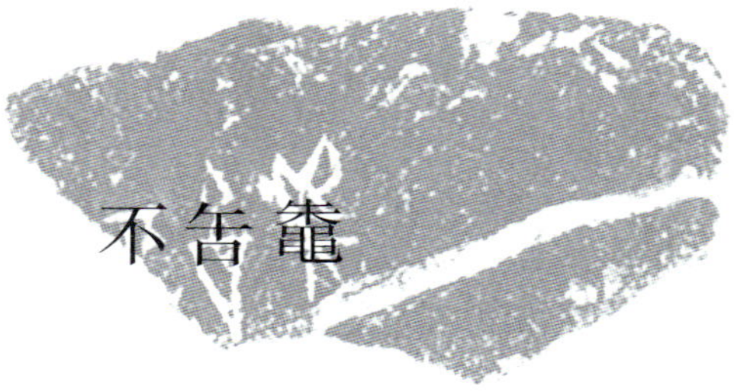

二〇六　不告黿殘辭

本甲正面存辭一條。反面無字。

（一）［不］告黿

【備注】

組類：賓組

材質：龜腹甲

尺寸：長二・三、寬一・三厘米

著録：未見

來源：一九五七年三月十三日滬購

院藏號：新一六〇四〇八

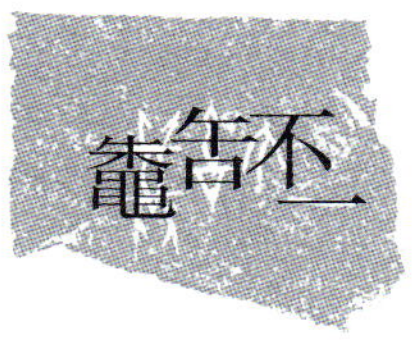

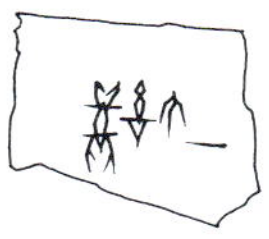

二〇七　一不告黿等字殘辭

本甲正面存辭二條。反面無字。

（一）一

（二）不告黿〔一〕

【簡釋】

〔一〕本甲上邊緣截鋸。

【備注】

組類：賓組

材質：龜腹甲

尺寸：長一・五、寬二・〇厘米

著録：《謝》二四二

來源：一九五七年三月十三日滬購

院藏號：新一六〇四九五

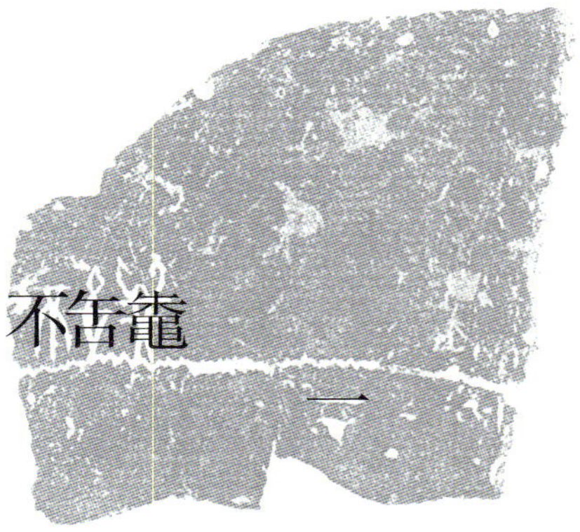

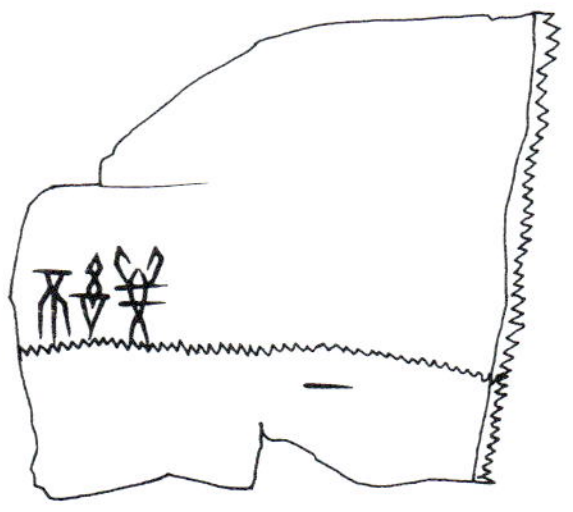

二〇八　一不告鼉等字殘辭

本甲正面存辭二條。反面無字。

（一）一

（二）不告鼉

【備注】

組類：賓組

材質：龜腹甲

尺寸：長三・四、寬三・六厘米

著録：《謝》一八八

來源：一九五七年三月十三日滬購

院藏號：新一六〇二四六

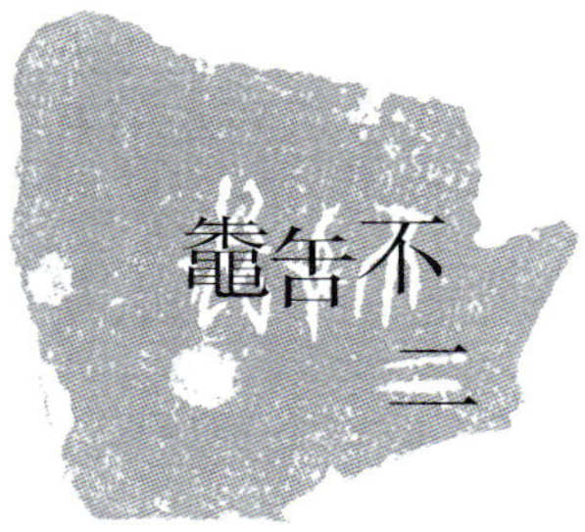

二〇九　二不告黿等字殘辭

本甲正面存辭二條。反面無字。

（一）二

（二）不告黿

【備注】

組類：賓組

材質：龜腹甲

尺寸：長二・四、寬二・三厘米

著録：《謝》二三八

來源：一九五七年三月十三日滬購

院藏號：新一六〇四五二

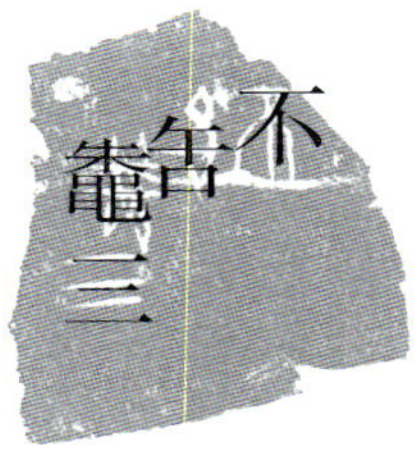

二三〇　三不告鼁等字殘辭

本甲正面存辭二條。反面無字。

（一）三

（二）不告鼁

【備注】

組類：賓組

材質：龜腹甲

尺寸：長二・〇、寬一・一厘米

著録：《謝》二七八

來源：一九五七年三月十三日滬購

院藏號：新一六〇一八三

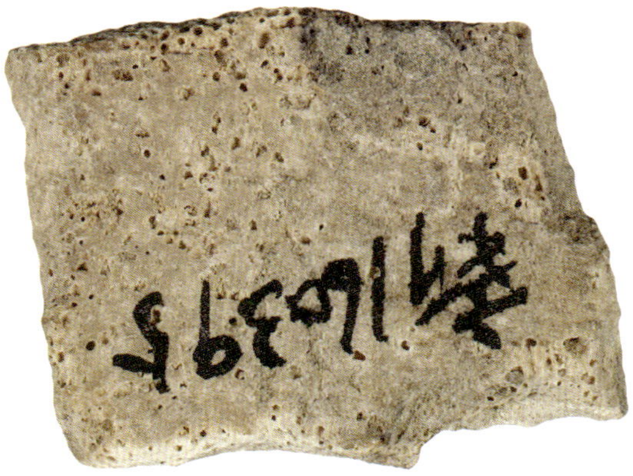

二二一　三不告黿等字殘辭

本甲正面存辭二條。反面無字。

（一）三

（二）不告黿

【備注】

組類：賓組

材質：龜腹甲

尺寸：長一・八、寬一・四厘米

著録：未見

來源：一九五七年三月十三日滬購

院藏號：新一六〇三九五

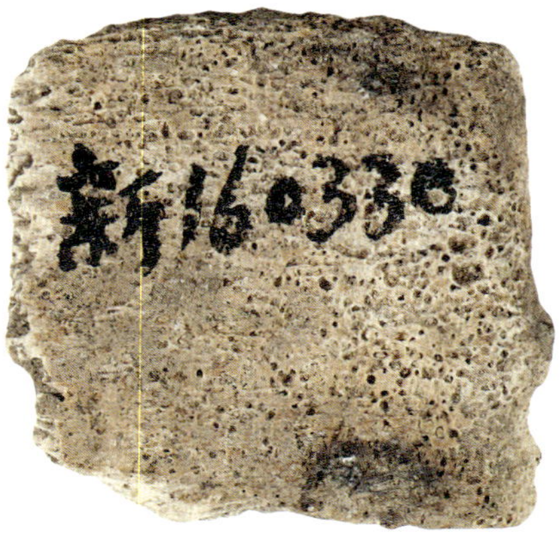

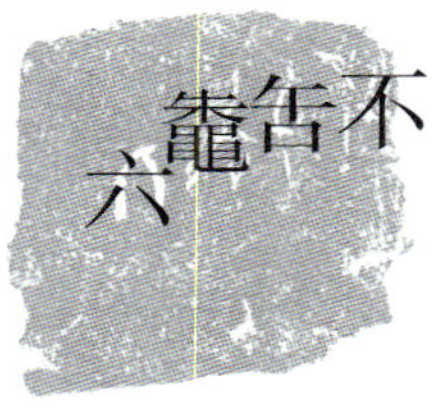

二一二　六不告鼄等字殘辭

本甲正面存辭二條。反面無字。

（一）　六

（二）　不告鼄〔一〕

【簡釋】

〔一〕本甲字口填墨。

【備注】

組類：賓組

材質：龜腹甲

尺寸：長一・八、寬一・九厘米

著録：未見

來源：一九五七年三月十三日滬購

院藏號：新一六〇三三〇

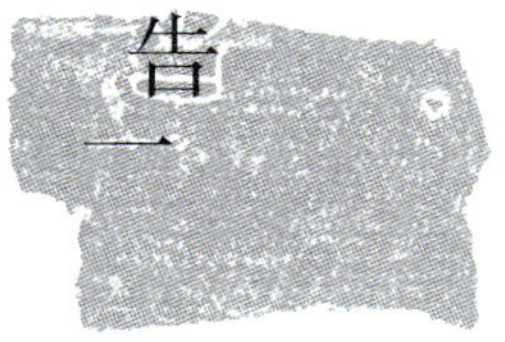

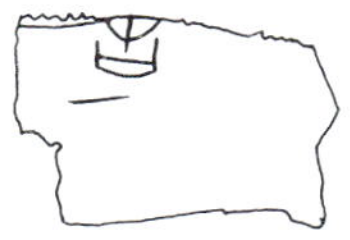

二一三　一告等字殘辭

本甲正面存辭二條。反面無字。

（一）一

（二）☐告

【備注】

組類：賓組

材質：龜腹甲

尺寸：長一・五、寬二・三厘米

著録：未見

來源：一九五七年三月十三日滬購

院藏號：新一六〇〇五三

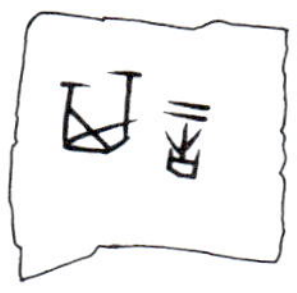

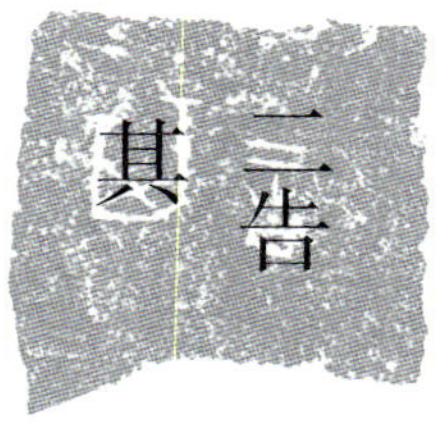

二二四　其二告等字殘辭

本甲正面存辭一條。反面無字。

（一）☐其☐　二告

【備注】

組類：賓組

材質：龜腹甲

尺寸：長一・九、寬二・〇厘米

著録：未見

來源：一九五七年三月十三日滬購

院藏號：新一六〇四八六

二二五　二告不其等字殘辭

本甲正反面各存辭一條。

〔正面〕

（一）　二告

〔反面〕

（一）　☐不其☐

【備注】

組類：賓組

材質：龜腹甲

尺寸：長二・五、寬一・五厘米

著録：未見

來源：一九五七年三月十三日滬購

院藏號：新一六〇四二五

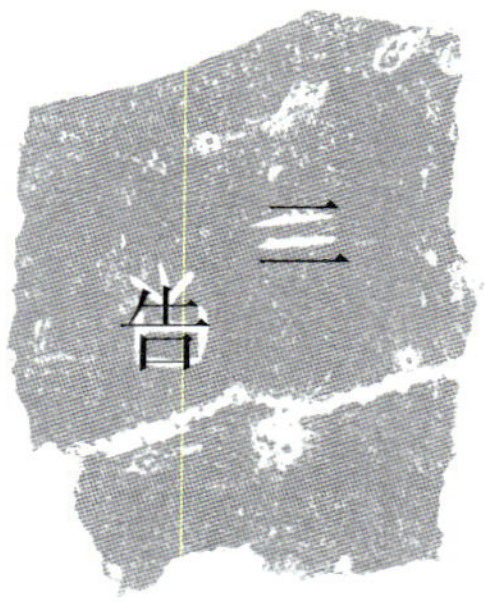

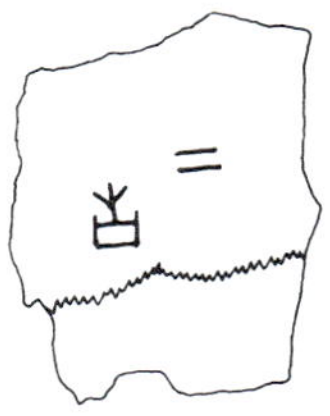

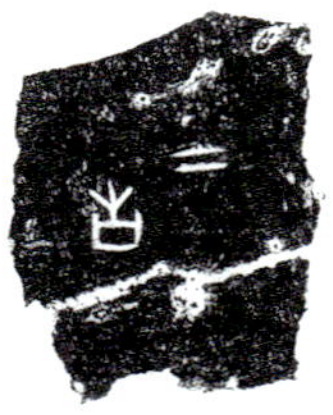

二二六　二告殘辭

本甲正面存辭一條。反面無字。

（一）　二告

【備注】

組類：賓組

材質：龜腹甲

尺寸：長二・七、寬二・二厘米

著録：《謝》三六六

來源：一九五七年三月十三日滬購

院藏號：新一六〇三六〇

二二七　二告殘辭

本甲正面存辭一條。反面無字。

（一）　二告

【備注】

組類：賓組

材質：龜腹甲

尺寸：長一・七、寬三・六厘米

著録：未見

來源：一九五七年三月十三日滬購

院藏號：新一六〇一五四

二二八　二告殘辭

本甲正面存辭一條。反面無字。

（一）　二告

【備注】

組類：賓組

材質：龜腹甲

尺寸：長二・三、寬一・五厘米

著録：未見

來源：一九五七年三月十三日滬購

院藏號：新一六〇四一五

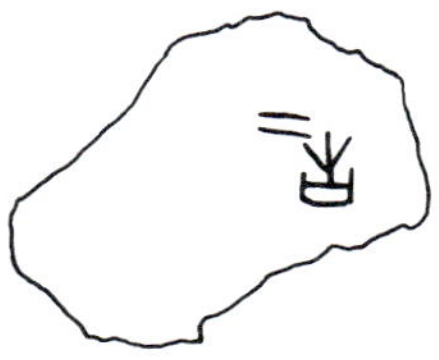

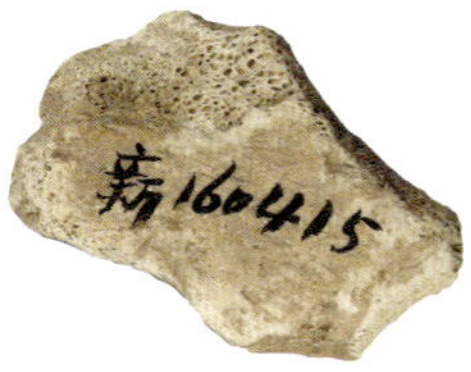

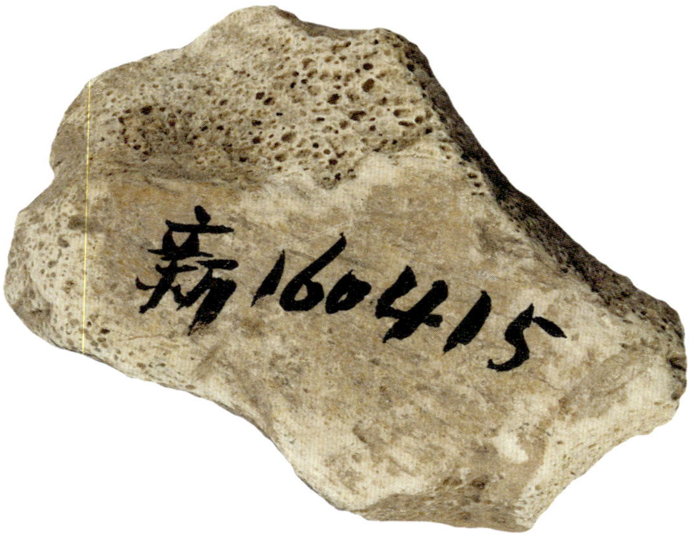

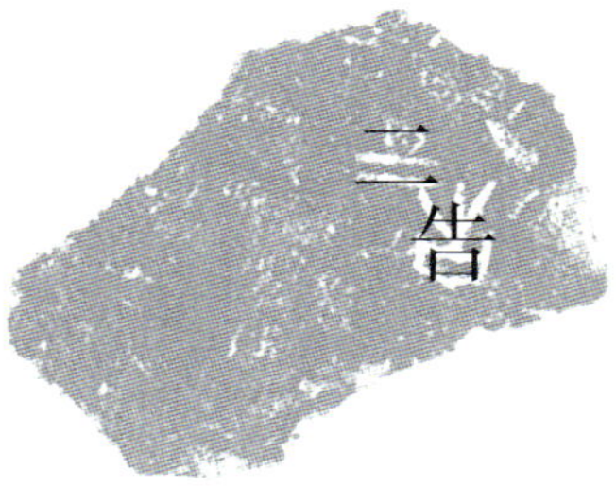

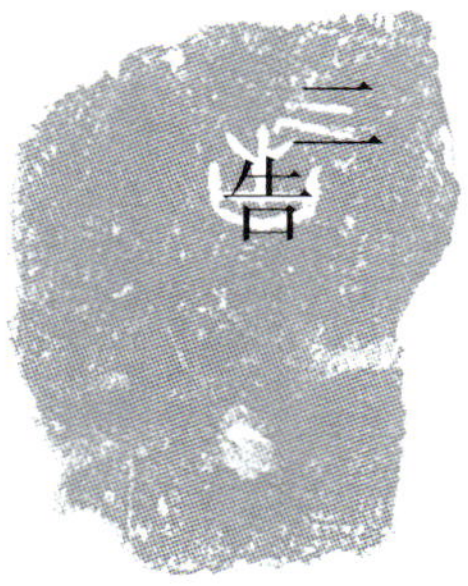

二二九　二告殘辭

本甲正面存辭一條。反面無字。

（一）　二告

【備注】

組類：賓組

材質：龜腹甲

尺寸：長二・六、寬二・〇厘米

著録：未見

來源：一九五七年三月十三日滬購

院藏號：新一六〇四五七

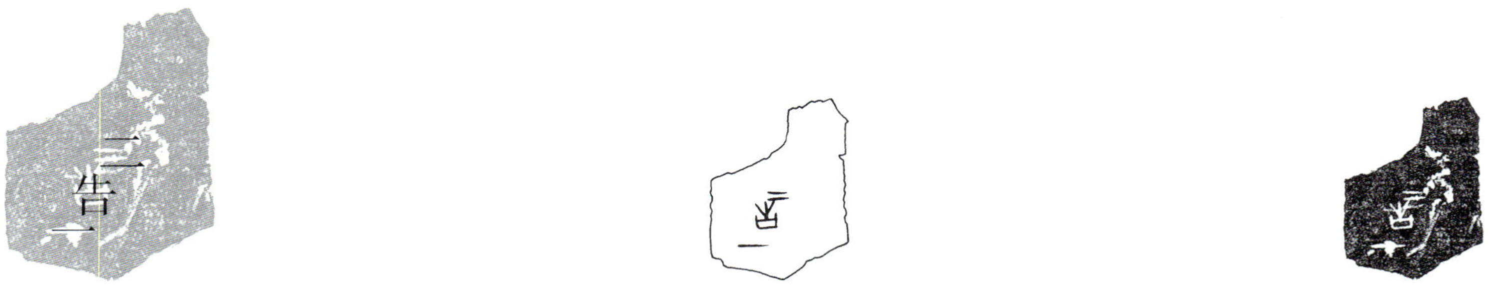

二三〇　一二告等字殘辭

本甲正面存辭二條。反面無字。

（一）一

（二）二告

【備注】

組類：賓組

材質：龜腹甲

尺寸：長二・五、寬一・八厘米

著録：未見

來源：一九五七年三月十三日滬購

院藏號：新一六〇〇三四

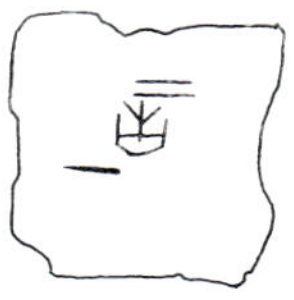
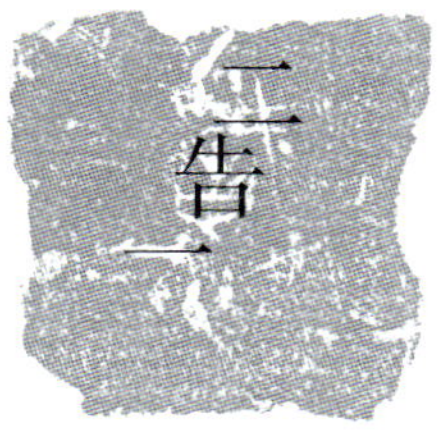

二二一　二告等字殘辭

本甲正面存辭二條。反面無字。

（一）一

（二）二告

【備注】

組類：賓組

材質：龜腹甲

尺寸：長一・九、寬一・八厘米

著録：未見

來源：一九五七年三月十三日滬購

院藏號：新一六〇〇四五

二三三一　一二告等字殘辭

本骨正面存辭二條。反面無字。

（一）　一

（二）　二告

【備注】

組類：賓組

材質：牛肩胛骨

尺寸：長四・二、寬一・八厘米

著録：未見

來源：一九五七年三月十三日滬購

院藏號：新一六〇三三三

二三三　三二告王等字殘辭

本甲正面存辭二條。反面存辭一條。

〔正面〕

（一）三

（二）二告

〔反面〕

（一）☐王☐

【備注】

組類：賓組

材質：龜腹甲

尺寸：長二・〇、寬二・〇厘米

著録：未見

來源：一九五七年三月十三日滬購

院藏號：新一六〇四八七

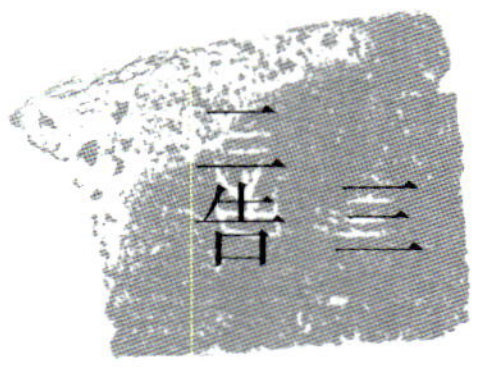

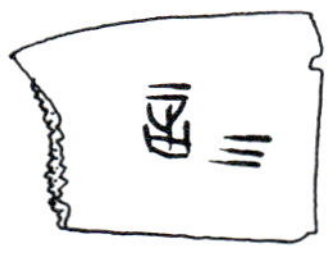

二三四　三二告等字殘辭

本甲正面存辭二條。反面無字。

（一）三

（二）二告〔一〕

【簡釋】

〔一〕本甲字口填墨。

【備注】

組類：賓組

材質：龜腹甲

尺寸：長一・六、寬二・二厘米

著録：未見

來源：一九五七年三月十三日滬購

院藏號：新一六〇〇三八

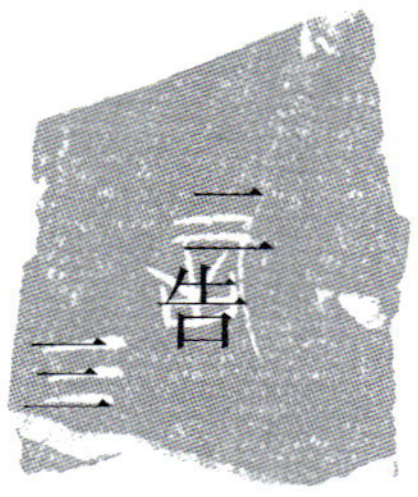

二三五　三二告等字殘辭

本甲正面存辭二條，有界劃綫。反面無字。

（一）三

（二）二告

【備注】

組類：賓組

材質：龜腹甲

尺寸：長二・二、寬一・八厘米

著録：《謝》二四八

來源：一九五七年三月十三日滬購

院藏號：新一六〇一七〇

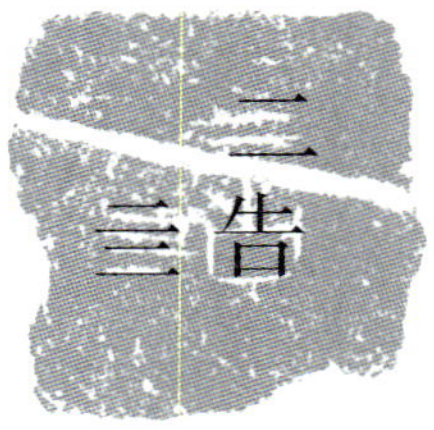

二三六　四二告等字殘辭

本甲正面存辭二條。反面無字。

（一）三（四）

（二）二告

【備注】

組類：賓組

材質：龜腹甲

尺寸：長一・九、寬一・七厘米

著録：未見

來源：一九五七年三月十三日滬購

院藏號：新一六〇〇二六

二三七　四二告等字殘辭

本骨正面存辭二條。反面無字。

（一）　三（四）

（二）　二告

【備注】

組類：賓組

材質：龜腹甲

尺寸：長二・一、寬二・四厘米

著録：未見

來源：一九五七年三月十三日滬購

院藏號：新一六〇三九一

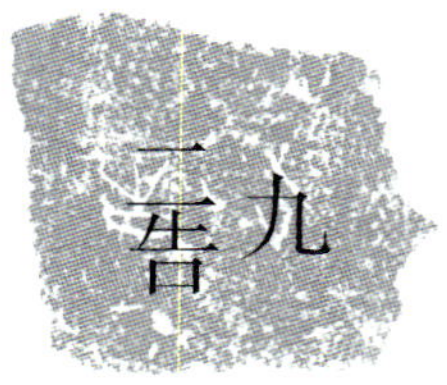

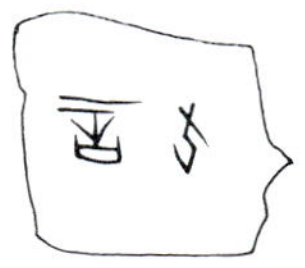

二三八　二告九等字殘辭

本甲正面存辭二條。反面無字。

（一）　二告

（二）　九〔一〕

【簡釋】

〔一〕本甲字口填墨。

【備注】

組類：賓組

材質：龜腹甲

尺寸：長一・七、寬一・六厘米

著録：未見

來源：一九五七年三月十三日滬購

院藏號：新一六〇四〇九

二三九　小告殘辭

本甲正面存辭一條。反面無字。

（一）　小告

【備注】

組類：賓組

材質：龜腹甲

尺寸：長二・一、寬一・九厘米

著録：未見

來源：一九五七年三月十三日滬購

院藏號：新一六〇〇四四

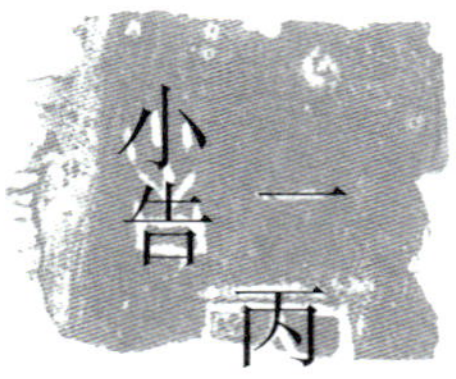

二三〇 一小告勿等字殘辭

本甲正面存辭二條。反面存辭一條。

〔正面〕

（一）［丙］〼 一

（二） 小告〔一〕

〔反面〕

（一）〼弓（勿）〼

【簡釋】

〔一〕本甲正面字口填墨。

【備注】

組類：賓組

材質：龜腹甲

尺寸：長一・七、寬一・三厘米

著録：未見

來源：一九五七年三月十三日滬購

院藏號：新一六〇四二四

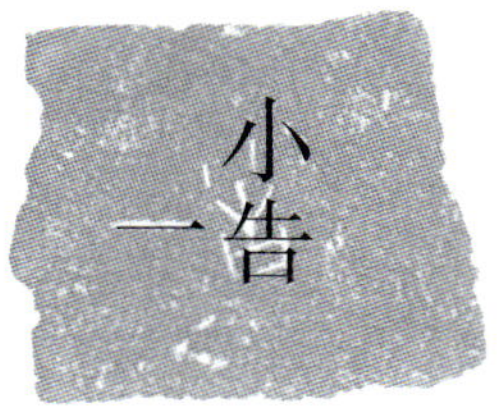

一三三一　小告一等字殘辭

本甲正面存辭二條。反面無字。

（一）小告

（二）一

【備注】

組類：賓組

材質：龜腹甲

尺寸：長一・八、寬一・四厘米

著録：未見

來源：一九五七年三月十三日滬購

院藏號：新一六〇四二六

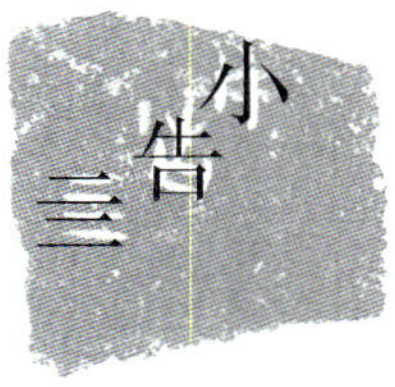

一三三二　四小告等字殘辭

本甲正面存辭二條。反面無字。

（一）三(四)

（二）小告〔一〕

【簡釋】

〔一〕「小告」爲合文。

【備注】

組類：賓組

材質：龜腹甲

尺寸：長一・七、寬一・八厘米

著録：未見

來源：一九五七年三月十三日滬購

院藏號：新一六〇三二四

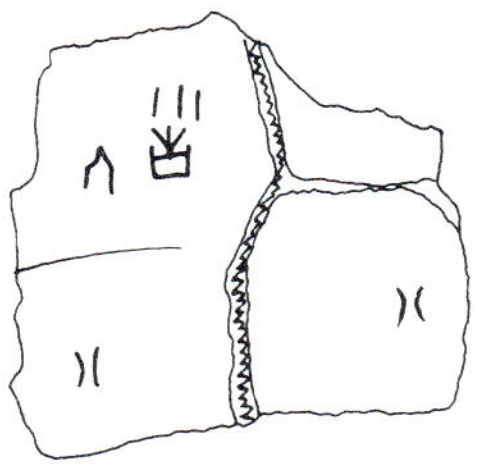

二三三二

小告六八八等字殘辭

本甲正面存辭三條。反面無字。

（一）小告

（二）六　八

（三）八

【備注】

組類：賓組

材質：龜腹甲

尺寸：長三・一、寬三・〇厘米

著録：《謝》一八六

來源：一九五七年三月十三日滬購

院藏號：新一六〇三七九

二三四　某日貞某事

本甲正面存辭一條。反面無字。

（一）□［貞］□　小告〔一〕

【簡釋】

〔一〕本甲字口填墨。

【備注】

組類：賓組
材質：龜腹甲
尺寸：長一・五、寬一・一厘米
著録：未見
來源：一九五七年三月十三日滬購
院藏號：新一六〇三八九

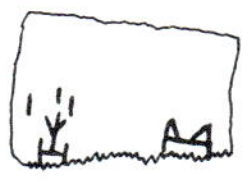

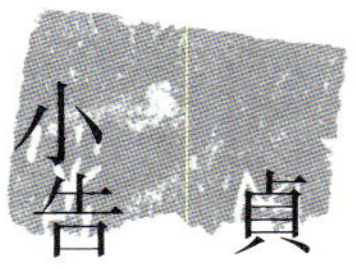

二三五　庚午卜𡧊貞王等事

本甲正反面各存辭一條。

〔正面〕

（一）　庚［午］卜，𡧊［貞］：王□

〔反面〕

（一）　□王［固（占）］曰□

【備注】

組類：賓組

材質：龜腹甲

尺寸：長二・七、寬二・四厘米

著録：《謝》七一

來源：一九五七年三月十三日滬購

院藏號：新一六〇〇六六

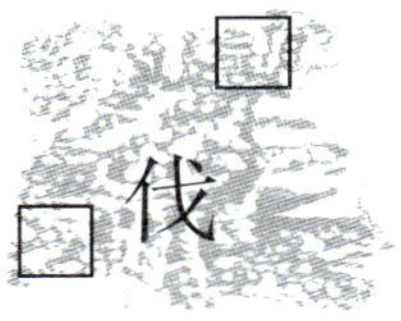

二三六　十月某日殻問等事

本甲正反面各存辭一條。

〔正面〕

（一）☐〔殻〕☐十月。〔一〕

〔反面〕

（一）☐☐〔伐〕☐☐

【簡釋】

〔一〕本甲正面字口填墨。

【備注】

組類：賓組

材質：龜腹甲

尺寸：長一・四、寬一・〇厘米

著録：〔正〕《謝》二二八

來源：一九五七年三月十三日滬購

院藏號：新一六〇一三〇

二三七　二月某日問若事

本甲正面存辭一條。反面無字。

（一）☐若。二月。

【備注】

組類：賓組

材質：龜腹甲

尺寸：長二・〇、寬一・九厘米

著録：《謝》一五六

來源：一九五七年三月十三日滬購

院藏號：新一六〇四一一

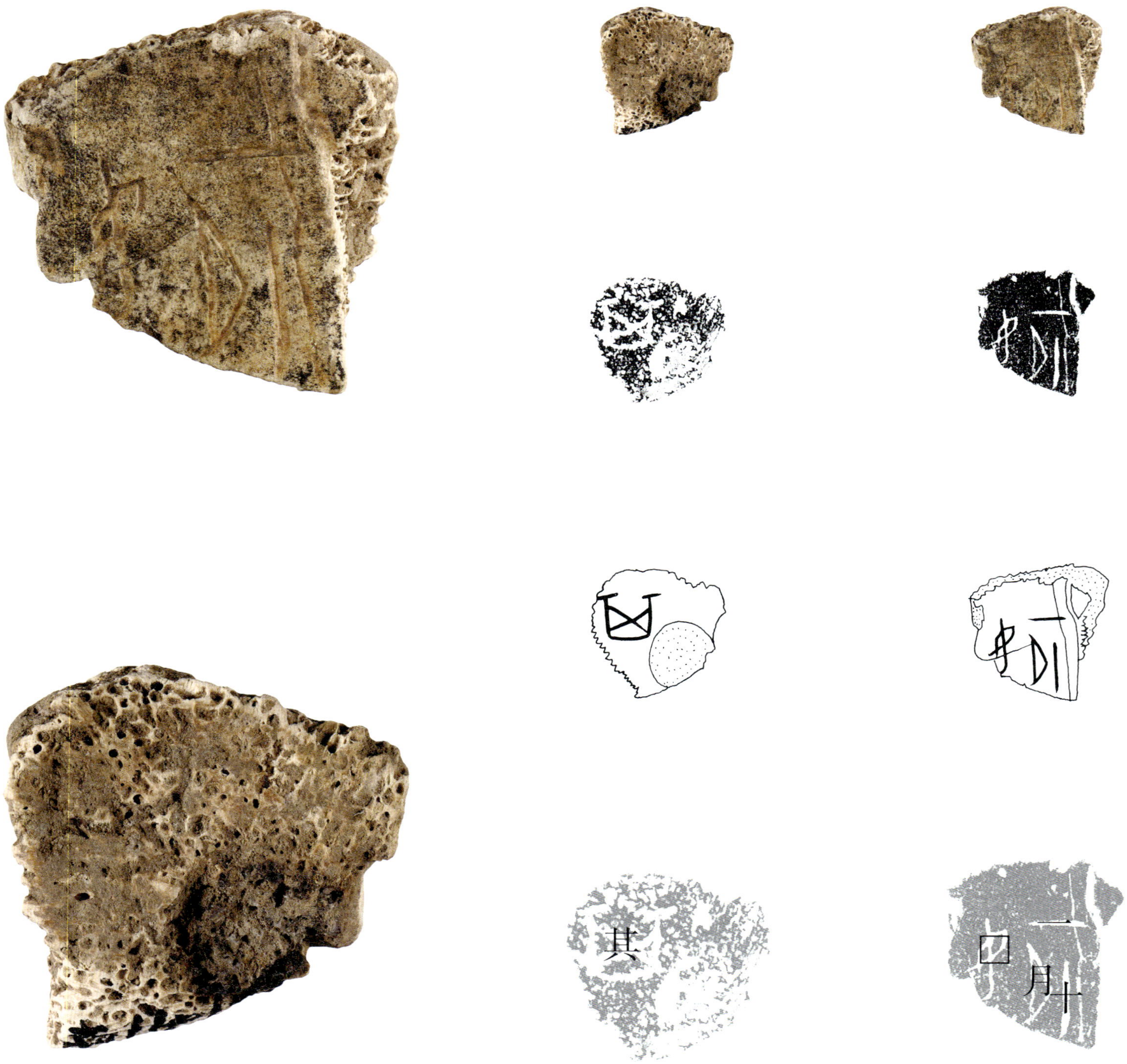

二三八　十一月某日問等事

本甲正反面各存辭一條。

〔正面〕

（一）☐□〔一〕☐十一月〔二〕。

〔反面〕

（一）☐其☐

【簡釋】

〔一〕殘字从「女」。

〔二〕「十一月」爲合文。

【備注】

組類：賓組

材質：龜腹甲

尺寸：長二・三、寬二・三厘米

著録：〔正〕《謝》二三六

來源：一九五七年三月十三日滬購

院藏號：新一六〇一九二

二三九　十二月某日問某事

本甲正面存辭一條。反面無字。

（一）　⧄□⧄□□⧄□。［十二月］〔一〕。

【簡釋】

〔一〕「十二月」爲合文。又，本甲字口塗朱，上邊緣截鋸。

【備注】

組類：賓組

材質：龜腹甲

尺寸：長一・四、寬二・三厘米

著録：《合》一一六二四

來源：一九五七年三月十三日滬購

院藏號：新一六〇〇五一

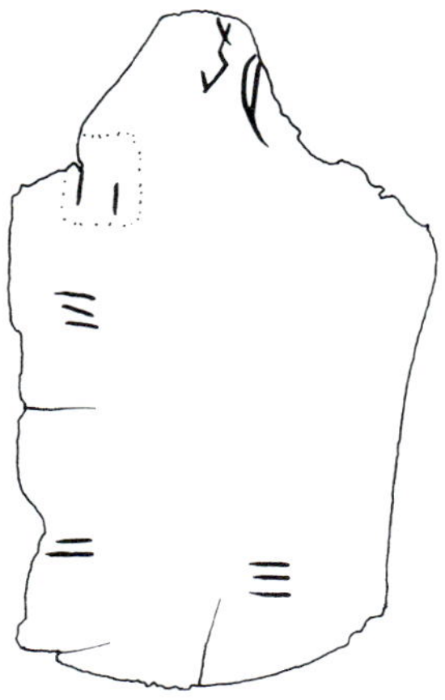

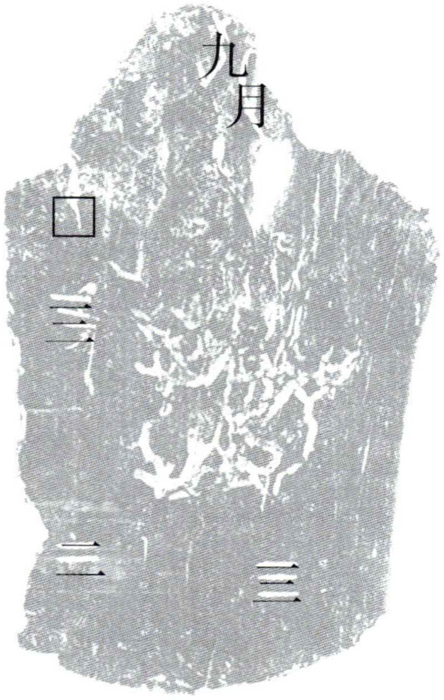

二四〇　九月某日問某事

本骨正面存辭三條。反面無字。

（一）二　三

（二）三

（三）☐□☐九月。

【備注】

組類：賓組

材質：牛肩胛骨

尺寸：長五・七、寬三・四厘米

著録：未見

來源：一九五七年三月十三日滬購

院藏號：新一六〇二一四

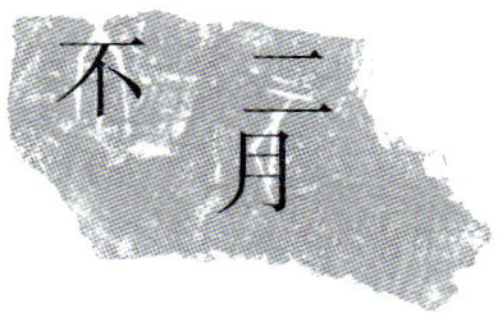

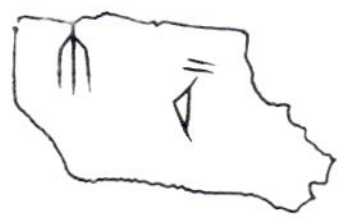

二四一　二月某日問不某事

本甲正面存辭一條。反面無字。

（一）〼不〼二月。

【備注】

組類：賓組

材質：龜腹甲

尺寸：長一・四、寬二・七厘米

著録：未見

來源：一九五七年三月十三日滬購

院藏號：新一六〇二二六

二四二　七月某日問不某事

本甲正面存辭一條。反面無字。

（一）☒不☒七月〔一〕。

【簡釋】

〔一〕「七月」爲合文。

【備注】

組類：賓組

材質：龜背甲

尺寸：長二・四、寬二・三厘米

著録：《謝》三五九

來源：一九五七年三月十三日滬購

院藏號：新一六〇三一八

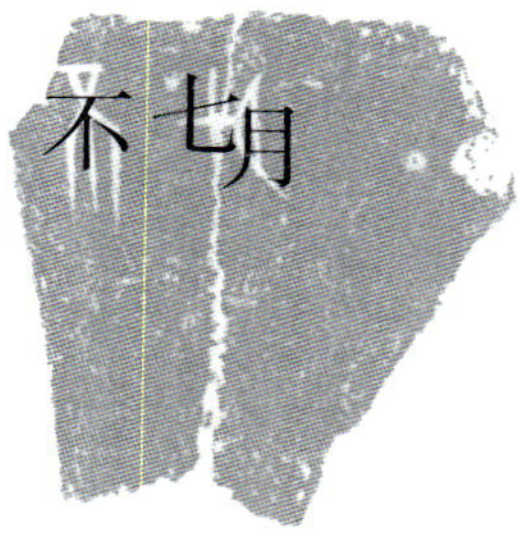

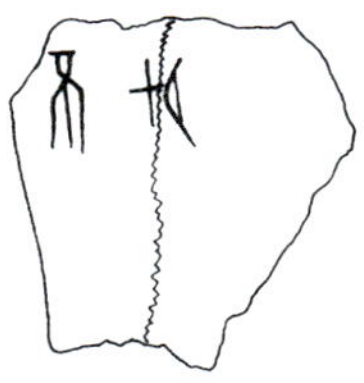

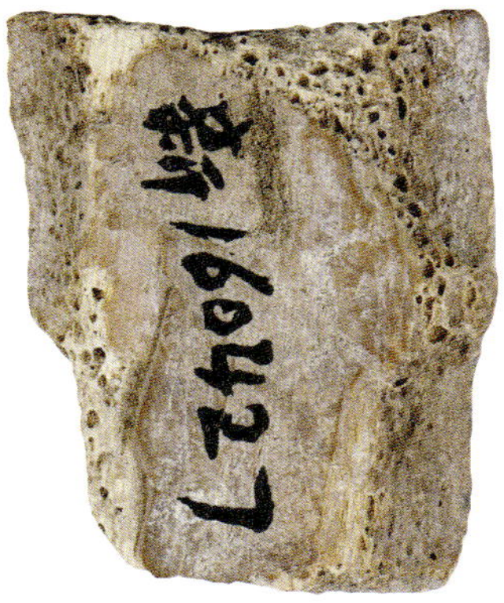

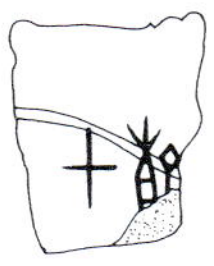

二四三　甲日㱿問某事

本甲正面存辭一條。反面無字。

（一）　甲☐[㱿]☐

【備注】

組類：賓組

材質：龜腹甲

尺寸：長一・七、寬一・三厘米

著録：未見

來源：一九五七年三月十三日滬購

院藏號：新一六〇四二七

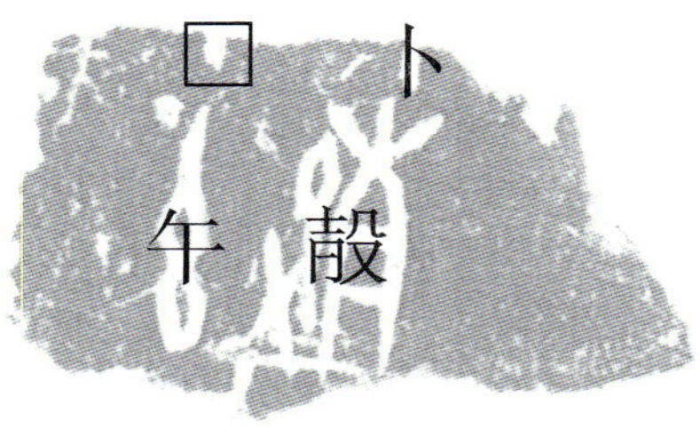

二四四　午日卜殻問某事

本甲正面存辭一條。反面無字。

（一）□午［卜］，殻☐

【備注】

組類：賓組

材質：龜腹甲

尺寸：長二・一、寬一・六厘米

著録：《謝》二八六

來源：一九五七年三月十三日滬購

院藏號：新一六〇四一六

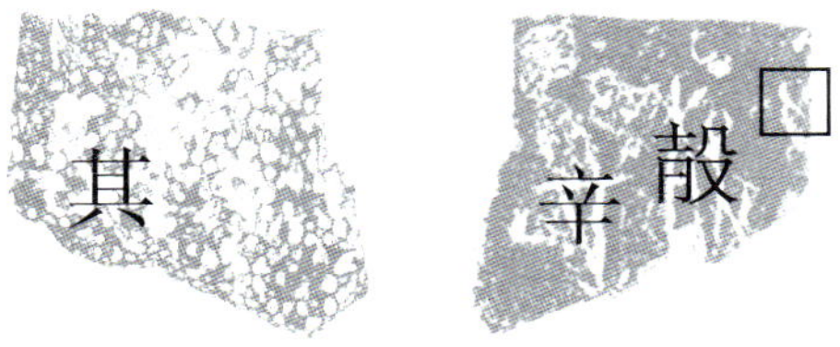

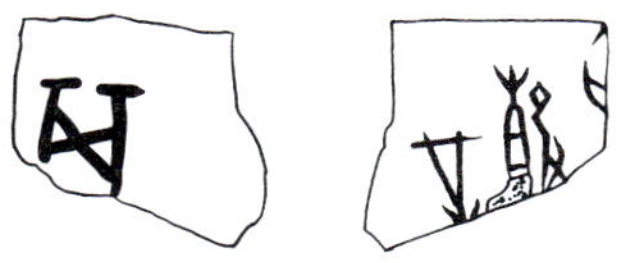
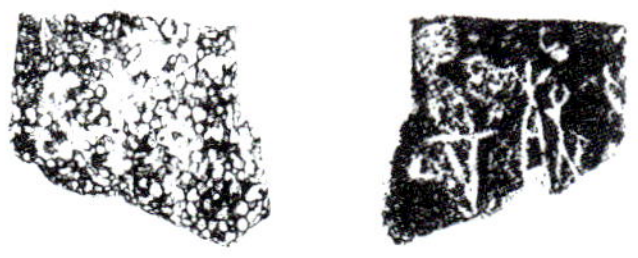

二四五　辛日㱿問等事

本甲正反面各存辭一條。

〔正面〕

（一）［辛］⧄㱿⧄□⧄

〔反面〕

（一）⧄□其⧄

【備注】

組類：賓組

材質：龜腹甲

尺寸：長一・六、寬一・六厘米

著録：未見

來源：一九五七年三月十三日滬購

院藏號：新一六〇四〇六

二四六　子日貞翌事

本甲正面存辭一條。反面無字。

（一）　☐［子］☐貞：［翌］☐

【備注】

組類：賓組

材質：龜腹甲

尺寸：長一・四、寬一・二厘米

著録：未見

來源：一九五七年三月十三日滬購

院藏號：新一六〇三八五

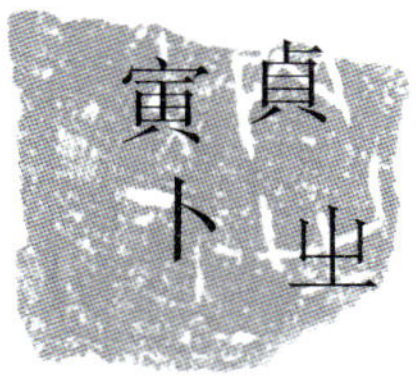

二四七　寅日卜貞㞢事

本甲正面存辭一條。反面無字。

（一）☒［寅］卜☒［貞］：㞢☒

【備注】

組類：賓組

材質：龜腹甲

尺寸：長一・七、寬一・四厘米

著録：《謝》三九〇

來源：一九五七年三月十三日滬購

院藏號：新一六〇三九九

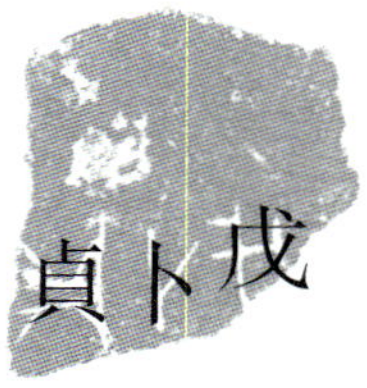

二四八　戊日卜貞某事

本甲正面存辭一條。反面無字。

（一）［戊］☐卜☐貞☐

【備注】

組類：賓組

材質：龜腹甲

尺寸：長一・七、寬一・六厘米

著録：未見

來源：一九五七年三月十三日滬購

院藏號：新一六〇三九七

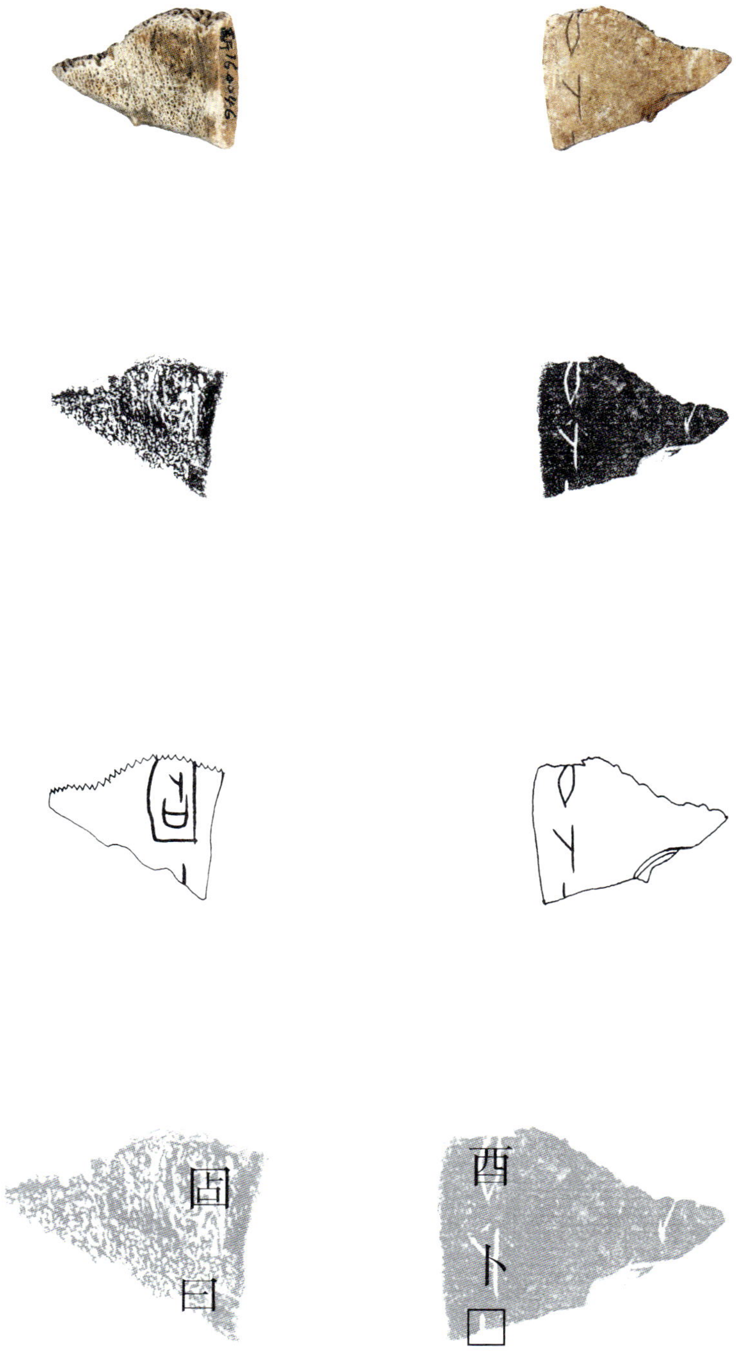

二四九　酉日卜等事

本甲正反面各存辭一條。

〔正面〕

（一）〼［酉］卜，□〼

〔反面〕

（一）〼［固（占）曰］〼

【備注】

組類：賓組

材質：龜腹甲

尺寸：長二・〇、寬一・六厘米

著録：未見

來源：一九五七年三月十三日滬購

院藏號：新一六〇〇四六

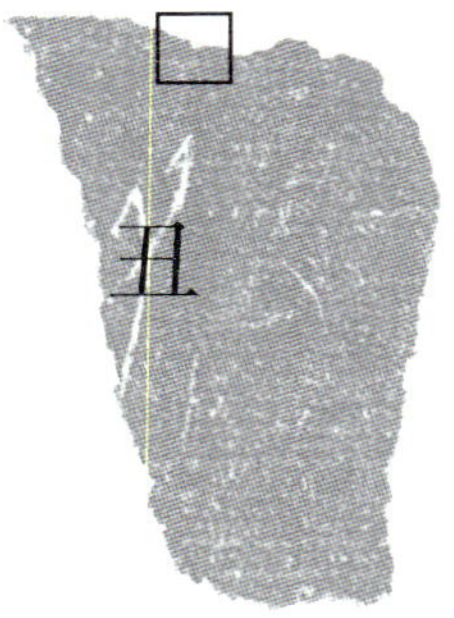

一二五〇　丑日問某事

本骨正面存辭一條。反面無字。

（一）□丑〼

【備注】

組類：賓組

材質：牛肩胛骨

尺寸：長二・八、寬二・〇厘米

著録：未見

來源：一九五七年三月十三日滬購

院藏號：新一六〇一一一

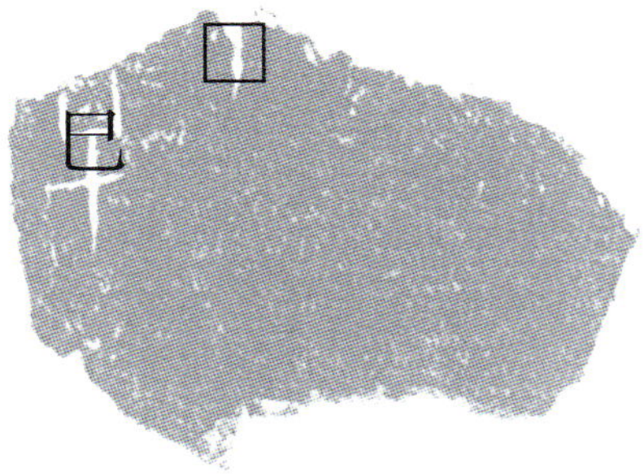
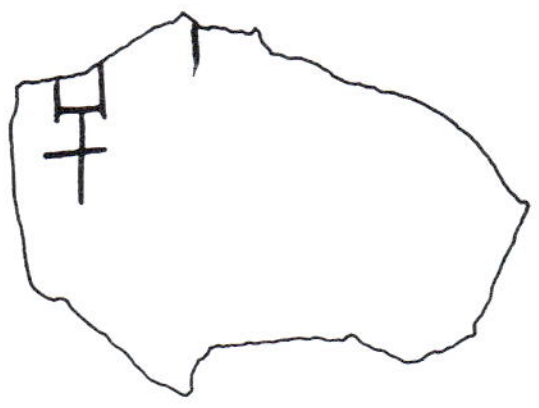

二五一　巳日問某事

本骨正面存辭一條。反面無字。

（一）☐巳☐□☐

【備注】

組類：賓組

材質：牛肩胛骨

尺寸：長二·七、寬二·一厘米

著録：未見

來源：一九五七年三月十三日滬購

院藏號：新一六〇三五四

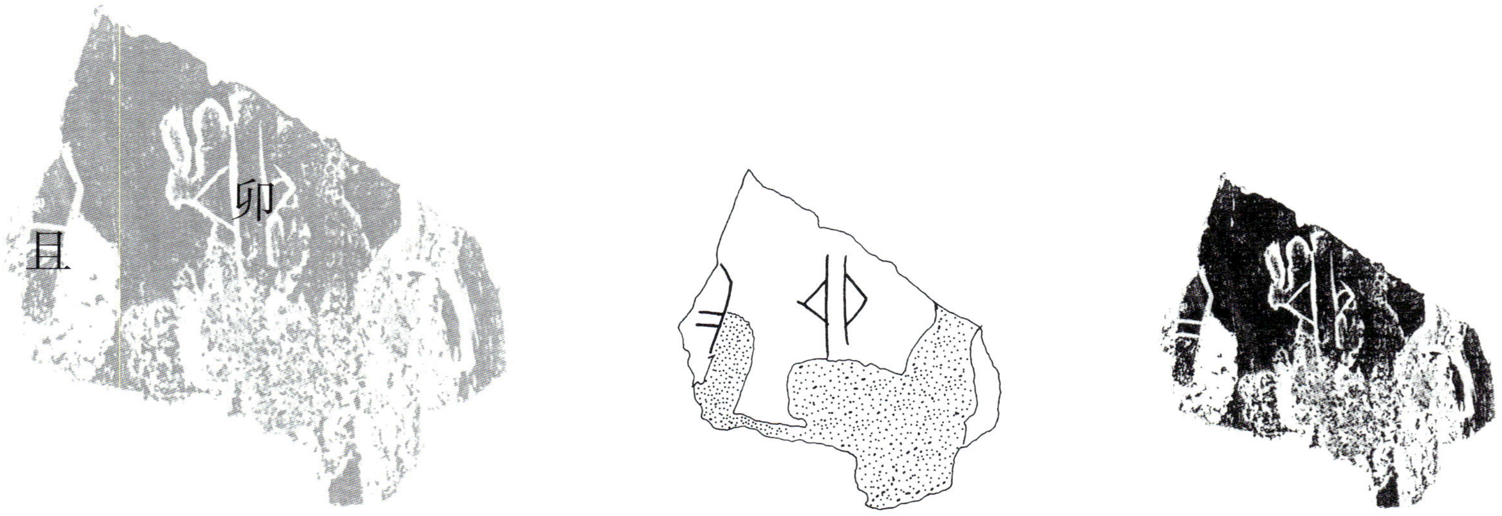

二五二　卯日問祖某事

本骨正面存辭一條。反面無字。

（一）☐卯☐［且（祖）］☐

【備注】

組類：賓組

材質：牛肩胛骨

尺寸：長四・七、寬三・六厘米

著録：《謝》一八七

來源：一九五七年三月十三日滬購

院藏號：新一六〇三一九

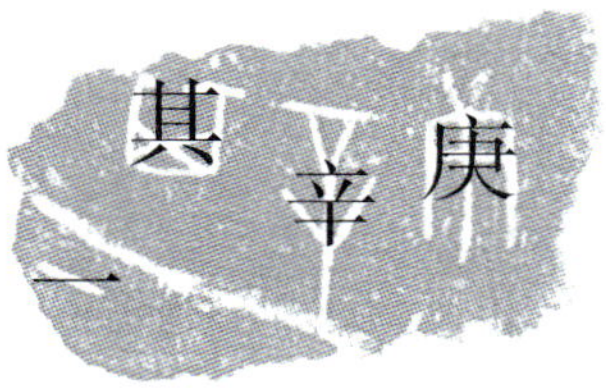

二五三　庚日問辛事

本甲正面存辭一條。反面無字。

（一）庚☐辛☐其☐　一

【備注】

組類：賓組

材質：龜腹甲

尺寸：長一・七、寬二・四厘米

著録：《謝》三七〇

來源：一九五七年三月十三日滬購

院藏號：新一六〇一〇一

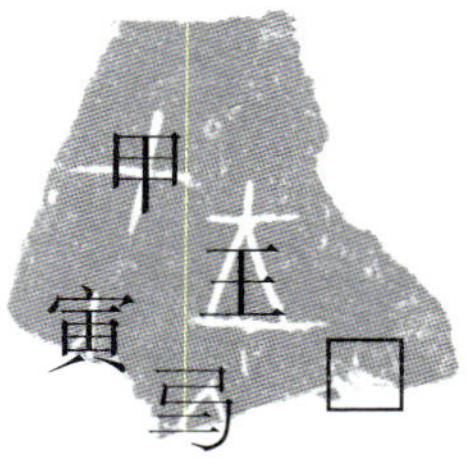

二二五四　甲寅問王勿某事

本甲正面存辭一條。反面無字。

（一）　甲［寅］☐王［弓（勿）］☐☐☐

【備注】

組類：賓組

材質：龜腹甲

尺寸：長二・〇、寬一・九厘米

著録：《謝》二三九

來源：一九五七年三月十三日滬購

院藏號：新一六〇四一三

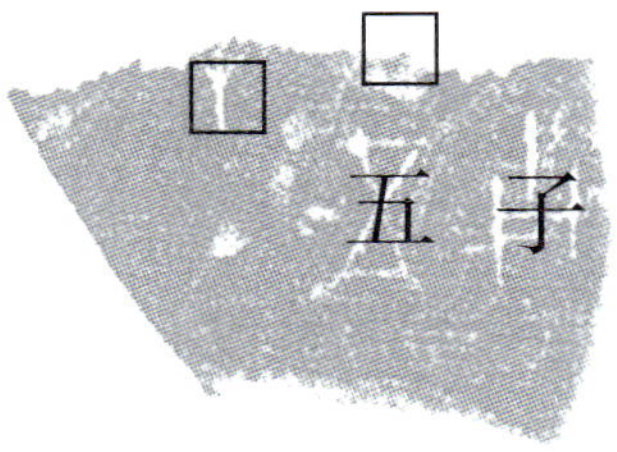

二五五　子日問五某事

本甲正面存辭一條。反面無字。

（一）　〼子〼□五〼□〼

【備注】

組類：賓組

材質：龜腹甲

尺寸：長一・九、寬二・七厘米

著録：未見

來源：一九五七年三月十三日滬購

院藏號：新一六〇一五八

二五六　甲戌貞與自仈室等事

本甲正反面各存辭一條。

〔正面〕

（一）甲［戌］☐貞☐　一　三

〔反面〕

（一）自仈［室］☐

【備注】

組類：賓組

材質：龜腹甲

尺寸：長六・六三、寬五・三二厘米

著録：未見

來源：一九五七年三月十三日滬購

院藏號：新一六〇〇一三+新一六〇〇一五

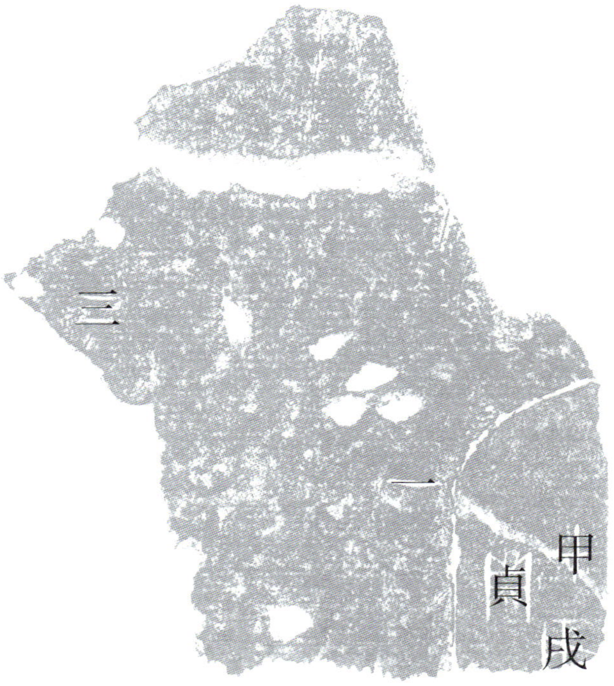
三
一
甲戌
貞

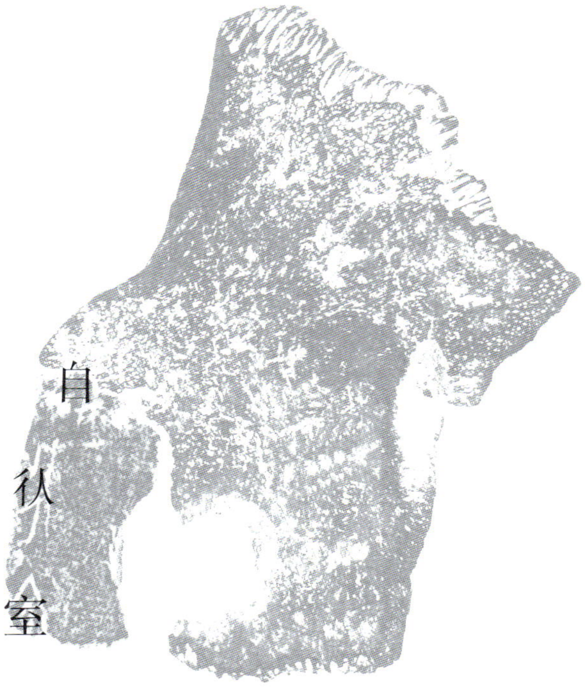
自
从
室

二五七　辰日卜叀翌日事

本甲正面存辭一條。反面無字。

（一）☐辰卜☐［叀］翌☐

【備注】

組類：賓組

材質：龜腹甲

尺寸：長一・五、寬一・七厘米

著録：《謝》二二七

來源：一九五七年三月十三日滬購

院藏號：新一六〇一六五

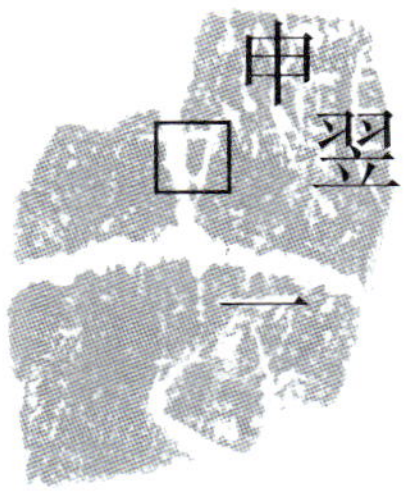

二五八　某日問翌申日某事

本甲正面存辭一條。反面無字。

（一）　☐［翌］☐申☐☐☐　一［一］

【簡釋】

［一］本甲字口填墨。

【備注】

組類：賓組

材質：龜腹甲

尺寸：長二・二、寬一・九厘米

著録：未見

來源：一九五七年三月十三日滬購

院藏號：新一六〇〇五九

二五九　壬辰卜古貞不苜事

本骨正面存辭一條。反面無字。

（一）　[壬]辰卜，由(古)[貞]：[不苜〔一〕]。

【簡釋】

〔一〕「苜」或讀爲「綏」。

【備注】

組類：賓組

材質：牛肩胛骨

尺寸：長五・〇、寬一・八厘米

著録：《合補》一〇五三

來源：一九五七年三月十三日滬購

院藏號：新一六〇三四一

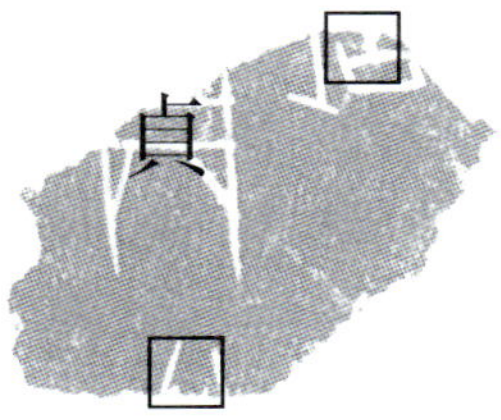

二六〇　某日貞某事

本甲正面存辭一條。反面無字。

（一）〼［貞］：□〼□〼

【備注】

組類：賓組

材質：龜腹甲

尺寸：長二・二、寬一・二厘米

著録：未見

來源：一九五七年三月十三日滬購

院藏號：新一六〇四四三

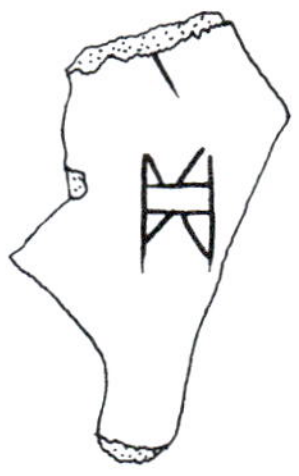

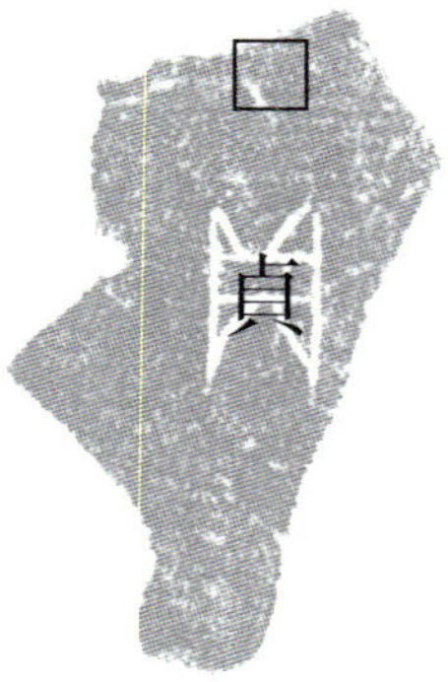

二六一　某日貞某事

本甲正面存辭一條。反面無字。

（一）☐□貞☐

【備注】

組類：賓組

材質：龜腹甲

尺寸：長三・一、寬一・八厘米

著録：《謝》一六二

來源：一九五七年三月十三日滬購

院藏號：新一六〇〇九八

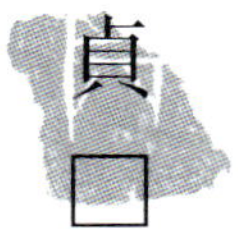

二六二　某日貞某事

本甲正面存辭一條。反面無字。

（一）〼［貞］：□〼

【備注】

組類：賓組

材質：龜腹甲

尺寸：長一・〇、寬〇・七厘米

著録：未見

來源：一九五七年三月十三日滬購

院藏號：新一六〇四二一

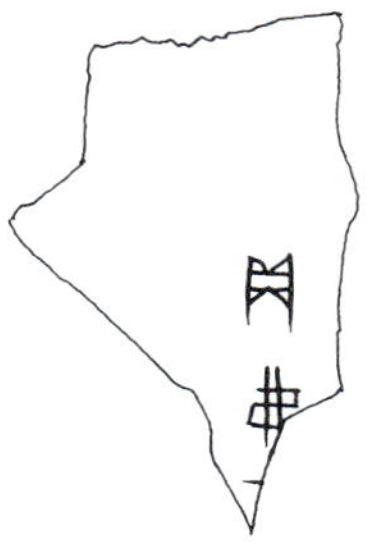

二六三　某日貞弗其某事

本甲正面存辭一條。反面無字。

（一）貞：弗[其]☐

【備注】

組類：賓組

材質：龜腹甲

尺寸：長三・六、寬二・四厘米

著録：《謝》二一九

來源：一九五七年三月十三日滬購

院藏號：新一六〇一四四

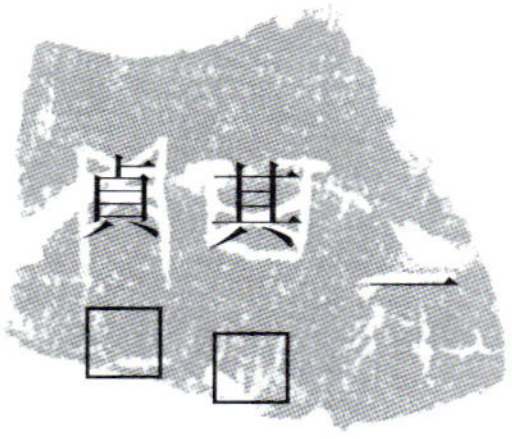

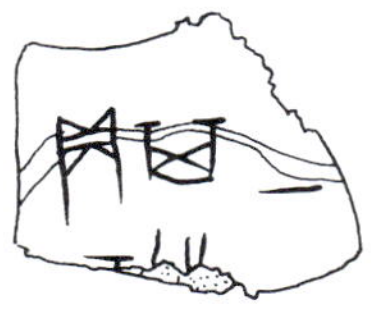

二六四　某日貞某事

本骨正面存辭一條。反面無字。

（一）　貞：□⧄其□⧄　一

【備注】

組類：賓組

材質：牛肩胛骨

尺寸：長二・〇、寬二・〇厘米

著録：《謝》二一六

來源：一九五七年三月十三日滬購

院藏號：新一六〇一六二

二六五　某日卜㱿貞某事

本骨正面存辭一條。反面無字。

（一）☐卜，㱿［貞］☐

【備注】

組類：賓組

材質：牛肩胛骨

尺寸：長五・七、寬二・九厘米

著録：未見

來源：一九五七年三月十三日滬購

院藏號：新一六〇二五一

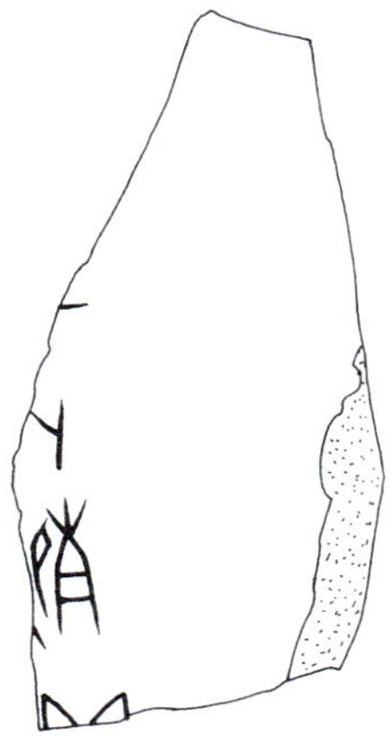

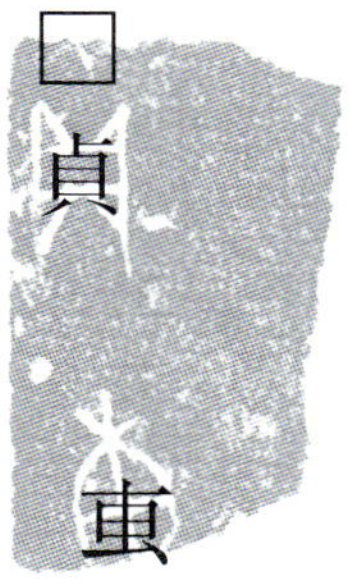

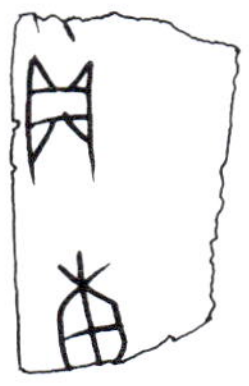

二六六　某日貞某事

本甲正面存辭一條。反面無字。

（一）☐☐貞：［叀］☐

【備注】

組類：賓組

材質：龜背甲

尺寸：長二・五、寬一・五厘米

著録：《謝》二三一

來源：一九五七年三月十三日滬購

院藏號：新一六〇〇五六

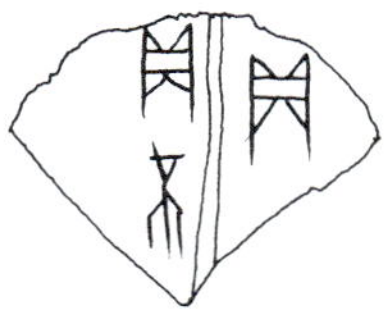

二六七　某日貞某事

本甲正面存辭二條。反面無字。

（一）☐貞☐

（二）☐貞：不☐

【備注】

組類：賓組

材質：龜腹甲

尺寸：長二·〇、寬一·六厘米

著録：《謝》二四六

來源：一九五七年三月十三日滬購

院藏號：新一六〇〇九九

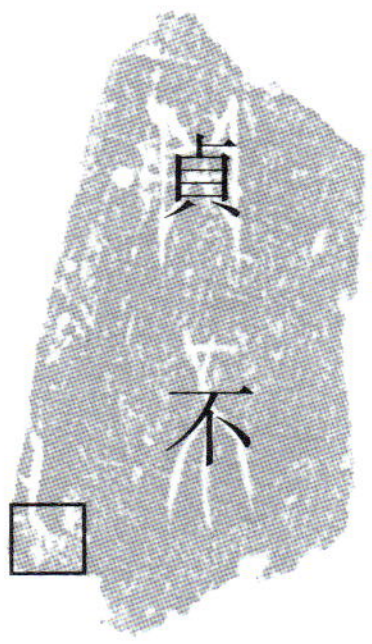

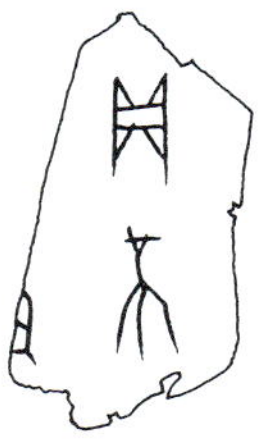
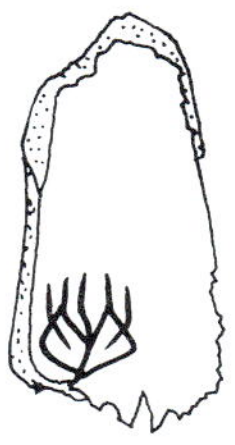

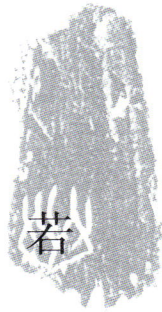

二六八　某日貞不某等事

本甲正反面各存辭一條。

〔正面〕

（一）☐貞：不☐☐☐

〔反面〕

（一）☐［若］。

【備注】

組類：賓組

材質：龜腹甲

尺寸：長二・九、寬一・六厘米

著録：《謝》二一五

來源：一九五七年三月十三日滬購

院藏號：新一六〇一九〇

二六九　某日卜𡧊貞某事

本甲正面存辭一條。反面無字。

（一）〼［卜］，𡧊［貞］〼

【備注】

組類：賓組

材質：龜腹甲

尺寸：長二・五、寬一・四厘米

著録：《謝》一三六

來源：一九五七年三月十三日滬購

院藏號：新一六〇二九四

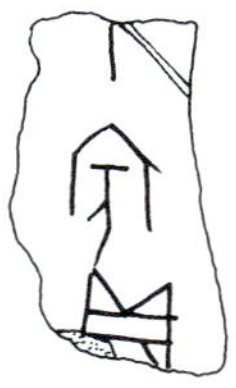

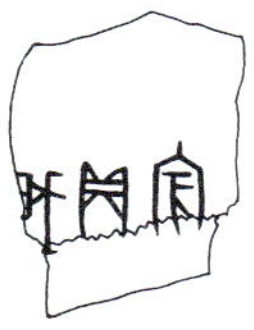

二七〇　某日穷貞我事

本甲正面存辭一條。反面無字。

（一）☐穷貞：［我］☐

【備注】

組類：賓組

材質：龜腹甲

尺寸：長二·一、寬一·七厘米

著録：《謝》一三五

來源：一九五七年三月十三日滬購

院藏號：新一六〇二七四

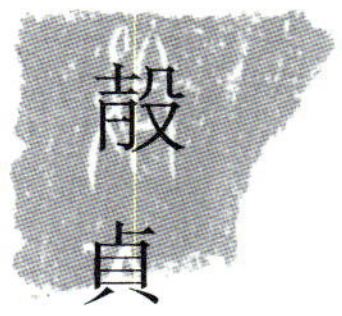

二七一　某日㱿貞某事

本甲正面存辭一條。反面無字。

（一）☐［㱿貞］☐

【備注】

組類：賓組

材質：龜腹甲

尺寸：長一·四、寬一·三厘米

著録：未見

來源：一九五七年三月十三日滬購

院藏號：新一六〇四二二

二七二　某日卜㱿問某事

本甲正面存辭一條。反面無字。

（一）□卜，㱿□［隹］□〔一〕

【簡釋】

〔一〕本甲反面黏有一塊殘甲。

【備注】

組類：賓組

材質：龜腹甲

尺寸：長三・二、寬二・七厘米

著録：《謝》一五九

來源：一九五七年三月十三日滬購

院藏號：新一六〇〇七八

二七三　某日卜永問某事

本甲正面存辭一條。反面無字。

（一）　☐卜，永☐

【備注】

組類：賓組

材質：龜腹甲

尺寸：長二・一、寬一・三厘米

著録：未見

來源：一九五七年三月十三日滬購

院藏號：新一六〇四三三

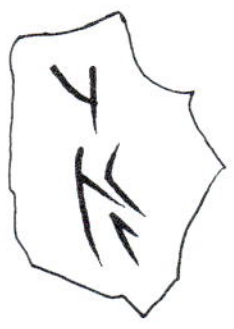

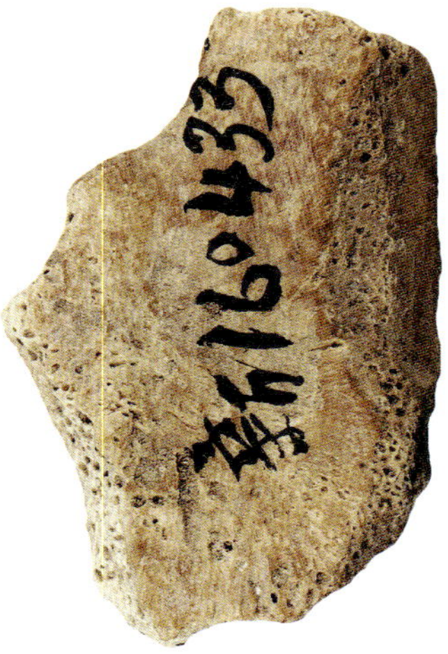

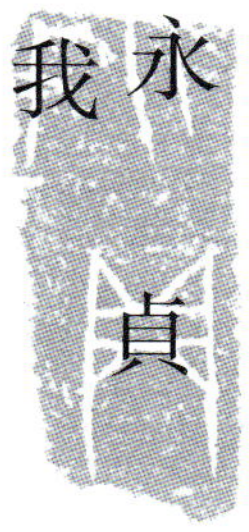

二七四　某日永貞我事

本甲正面存辭一條。反面無字。

（一）□［永］貞□［我］□

【備注】

組類：賓組

材質：龜背甲

尺寸：長二·四、寬一·二厘米

著録：《謝》一五二、《合補》五九九八

來源：一九五七年三月十三日滬購

院藏號：新一六〇一一九

二七五　某日貞王勿延某事

本甲正面存辭一條。反面無字。

（一）☑［貞］：王☑弓（勿）征（延）☑□

［其］☑

【備注】

組類：賓組

材質：龜腹甲

尺寸：長二・六、寬一・七厘米

著録：《謝》三六三、《合補》一六二二

來源：一九五七年三月十三日滬購

院藏號：新一六〇二八七

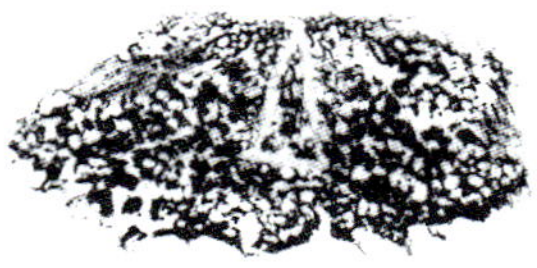

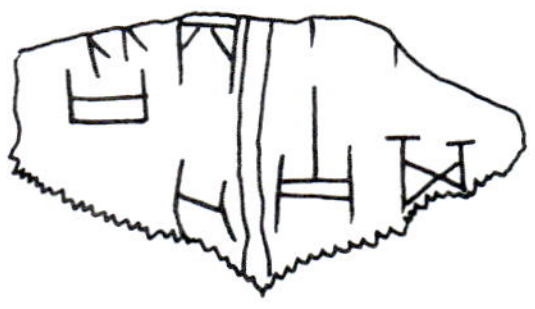

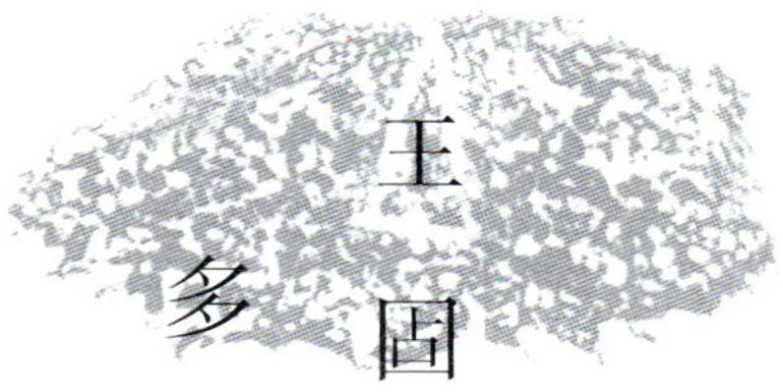

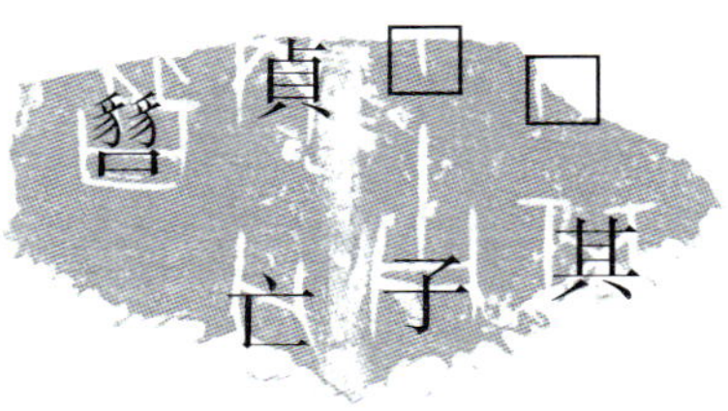

二七六　某日貞亡𡆥等事

本甲正面存辭二條。反面存辭一條。

〔正面〕

（一）□子☒□其☒

（二）☒［貞］：［亡𡆥］。

〔反面〕

（一）☒［王固（占）］☒［多］☒

【備注】

組類：賓組

材質：龜腹甲

尺寸：長一・八、寬三・四厘米

著録：《謝》三六九

來源：一九五七年三月十三日滬購

院藏號：新一六〇四五四

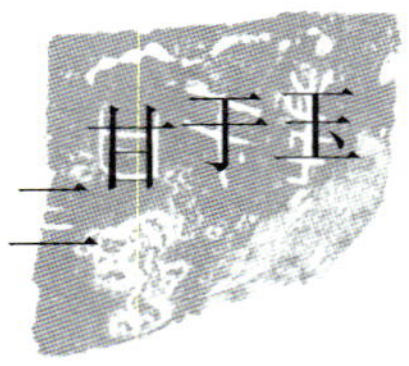

二七七　某日問玉于甘事

本甲正面存辭一條。反面無字。

（一）〼玉于甘。　二

【備注】

組類：賓組

材質：龜腹甲

尺寸：長一・六、寬一・五厘米

著録：《京》一五七四、《謝》二六二、《合》八〇〇四

來源：一九五七年三月十三日滬購

院藏號：新一六〇三九四

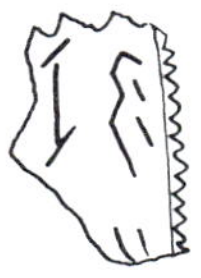

二七八　勿柲等字殘辭

本甲正面存辭一條。反面無字。

（一）☐弓（勿）□☐〔柲〕☐

【備注】

組類：賓組

材質：龜腹甲

尺寸：長一・八、寬一・二厘米

著録：未見

來源：一九五七年三月十三日滬購

院藏號：新一六〇四四五

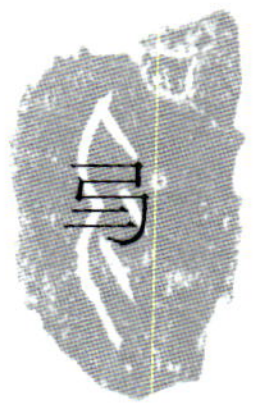

二七九　勿字殘辭

本甲正面存辭一條。反面無字

（一）〼弓(勿)〼〔一〕

【簡釋】

〔一〕本甲字口填墨。

【備注】

組類：賓組

材質：龜腹甲

尺寸：長一・八、寬一・〇厘米

著録：未見

來源：一九五七年三月十三日滬購

院藏號：新一六〇三八八